JN408833

1953

카르페 디엠 Carpe diem 1953년생

이세영

도서출판
계명사

목차

들어가며

스쿠버 다이빙을 좋아하는 나는 필리핀에 자주 갈 기회가 있었다. 세부, 두마게티, 팔라완 등이 좋은 시설을 갖춘 곳이지만 젊은 친구들과 어울려 팀을 이루다 보면 상대적으로 저렴한 비용으로 즐길 수 있는 아닐라오를 자주 가곤 하였다. 아닐라오는 필리핀 공항에서 차로 5시간은 가야 하는 오지 어촌 마을이다. 그래도 스쿠버 다이빙을 제대로 즐길 수 있는 포인트들이 많아 전 세계 다이버들에게 인기 있는 장소이다.

오전 다이빙을 마치고 자그마한 섬에서 점심을 먹고 있었다. 배고픈 김에 허겁지겁 먹고 있을 때, 어디선가 우리를 쳐다보는 눈이 있다는 느낌이 들어 문득 쳐다보니 우리 다이빙 보조하는 소년들이 보였다.

"쟤들 우리랑 같이 왔던 알바 애들이잖아? 근데 왜 점심 먹지 않고 저기 모여 있는 거야?"

"...."

누군가가 대답하였다.

"아마 우리가 먹고 남은 음식 먹을 걸요."

우리 다이버들이 모두 10명이라 보조 알바 아이들을 조장 외 2명 요청하였는데 2명이 추가로 왔다. 조장인 큰아이의 변명은 2명은 그냥 수습이니 알바비 더 안 줘도 되니까 밥만 먹여주면 된다고 데려온 것이다. 요것도 이권이라고 조장 맘에 드는 아이를 데리고 왔고 실제로 배 안에서 허드렛일은 그 두 녀석이 모두 담당하고 있었다. 그러니 우리 배에 같이 타고 온 아이들 5명과 섬에 사는 아이들까지 모여 여남은 명은 족히 되어 보였다.

넉넉히 음식을 준비하였건만 식욕 왕성한 젊은 친구들이고 그날따라 점심시간이 늦어져 우리가 먹고 나면 거의 음식이 남지 않을 듯하였다.

자연스럽게 숟가락을 놓으며 아이들이 남은 밥을 먹을 수 있게 배려하였다. 식사 후 이 얘기 저 얘기 끝에 내가 무심코 한마디 던졌다.

"우리 어렸을 때만 해도 필리핀보다 못 살았으니...."

갑자기 젊은 친구들이 웅성거리며, "아니 설마요." "정말로 그랬단 말이에요?" "어떻게 여기보다...."

뜻밖의 반응에 나 역시 놀랐다. 풍요로운 시대에 태어난 세대답게 과

거의 한국은 그들에게 없었다. 내가 초등학교 다닐 때만 하여도 필리핀뿐만 아니라 태국, 인도네시아 등 아시아 웬만한 나라보다 못 살았고 심지어 북한보다 처졌었다고 이야기 하지 않을 수 없었던 기억이 있다.

나는 1953년생이다.

1953년 뱀띠 해에 태어난 우리는 남들과 약간 독특한 시기에 태어났다고 생각하고 있다. 바로 한국전쟁이 끝난 해이기 때문이다. 같은 1953년생이라도 전쟁 중에 태어났느냐 아니면 휴전 후 태어났느냐를 놓고 전쟁 경험이나 한 듯 자신이 더 나이가 위라는 것을 강조하는 농담을 한다. 나는 6월생이므로 전쟁 중에 태어난 것이다. 총소리를 거의 두 달 동안 들었다며 전쟁 중 태어났다는 것을 은근히 과시하곤 한다.

손무의 병법서(손자병법서)에서 언급하길, 전쟁을 피할 수 있다면 그것이 이기는 방법이고, 어쩔 수 없이 전쟁하게 되면 적국에서 전투를 벌이라는 대목이 있다. 그런데 한국전쟁은 같은 민족끼리 우리 국토에서 전쟁을 벌였으니 그 피해는 모두 우리 몫이었다. 전쟁 전에도 변변한 산업시설이 없었고, 있어도 미미하였을 텐데 그나마 모조리 깨져버려 남은 시설이 없었다. 휴전 후 우리나라는 완전한 무(無) 상태이었을 것이다. UN에서 통계를 잡을 수 없는 아프리카 정글이나 남아메리카 우림지역에 있는 나라를 제외하고 전 세계에서 가장 못사는 나라였음이 틀림없다.

1953년생은 운명적으로 아무것도 없는 무(無) 상태의 나라에서 태어났다. 2023년 1953년생이 70세가 되는 올해 대한민국은 반도체, 방탄소년단의 나라로 그리고 우주 스페이스 클럽의 멤버이며 IT 최강국으로 어느덧 선진국으로 발돋움한 것이다.

우리는 후진국에서 태어나 어린 시절, 젊은 시절 내내 개발도상국으로 지냈다. 21세기 들어오면서 선진국 문턱까지 도달하였다는 뉴스를 접하고도 '우리가?' 하는 의구심을 품고 지냈다. 우리가 자라면서 TV 외화에서 보았던 선진국의 모습과 21세기 초 우리의 생활은 많은 차이가 있다고 느꼈기에 선진국에 곧 진입한다는 사실을 받아들이기 쉽지 않았다.

1960년, 70년대, 80년대 초까지 우리만의 문화 콘텐츠가 거의 없던 시절이라 TV 인기 프로는 거의 외국에서 제작된 드라마가 주를 이루었다. 〈월튼네 사람들〉, 〈보난자〉, 〈초원의 집〉, 〈형사 콜롬보〉, 〈6백만 불의 사나이〉, 〈원더우먼〉 등이 인기 프로였다. 한국 영화, 가요는 젊은이들에게 외면당하던 시대라 우리는 외국 드라마, 영화 그리고 팝송을 들으며 자랐다.

21세기 들어와 우리나라가 선진국이라는 얘기를 들어도 실감 나지 않을 뿐 아니라 청년실업, 계약직, 저출산과 고령화, 과로사, 자살 등 우울한 소식은 우리 머리에 각인된 선진국 이미지와는 사뭇 멀었다고 생각하였기에 실감하지 못할 수밖에 없었다.

그러다 2020년대 들어오면서 '우리는 이미 선진국입니다'라는 말을 심심치 않게 들을 수 있었다. 그것도 공영방송 또는 권위 있는 인사들의 발언이다. 선진국 문턱을 넘은 것이다. 아직도 느낌은 안 나지만 'K'가 앞에 붙은 여러 장르의 문화 콘텐츠와 방역, 의료체계 그리고 지하철, 안전한 치안 등 여러 가지가 세계 최고라 하니 조금씩 실감 나기 시작하였다. 국가 GDP, 1인당 소득으로 단순히 수치로 분류한 선진국 지위가 아니라 실생활에서 느낀 선진화이므로 의미 있게 다가온 것이다. 우리가 선진국이 되었다는 것을 내가 실감하게 된 계기는 방탄소년단으로 대표되는 K-pop과 기생충, 오징어게임부터였다. 젊었던 시절 주로 외국 문화 콘텐츠에 익숙하였던 나로서는 어디서 그런 힘이 나왔는지 그저 신기할 뿐이다.

우리나라가 선진국이 되었다는 것을 실감한 일화가 하나 더 있었다. 대한민국 여권의 힘이었다. 동남아에서는 가장 막강하고 어디서나 환영받는 여권이다. 또 유럽 여행을 하다 보면 이민국(Immigration) 통하여 입국할 때 크게 2그룹으로 나뉘어 있다. 짧은 줄은 당연히 그 나라 자국민 줄이겠거니 하고 긴 줄에 서 있다가 안내문에 대한민국 여권 소지자는 짧은 줄로 가라고 쓰여있는 것을 보게 된다. 전자여권으로 바뀐 후 우리는 그 나라 국민과 동등한 대우를 받으며 입국 절차를 밟는다. 별거 아니지만 뿌듯하고 대견스러워 여권을 쓰다듬은 기억이 있다.

아무튼 무(無)에서 시작한 우리 53년생은 이 모든 과정을 다 겪었다. 물론 우리를 중심으로 10년 위아래는 거의 같은 시대에 살았다고 할 수 있지만 전쟁이 끝나며 태어난 우리는 모든 것이 0(제로)인 시점에서 시작하였다는 특별함이 있다. 2023년 만 70세가 되었어도 우리는 아직 일도

하며 인생을 즐기는 노년을 건강하게 살고 있다. 단지 젊었을 때에 비하여 약간 모자란 듯 그리고 천천히... 그 차이뿐이다.

나는 사회에 큰 업적을 남겼거나, 수출의 역군으로 밀림을 헤맨 사람은 아니다. 또 맨손으로 기업을 일으켜 고용 창출을 한 존경받는 기업인은 더더구나 아니다. 평범하게 그저 열심히 살아온 대한민국의 한 사람이다. 그래도 살아온 길 자체가 우리나라 선진화에 벽돌 한 장을 쌓는 일이었다는 자부심을 느끼고 있다.

2023년, 70세. 어느덧 개와 늑대의 시간이 되었다. 해가 지면 대지는 붉게 물들고 어둠이 찾아오기 시작한다. 저 건너 언덕에서 다가오는 어떤 움직이는 동물이 개인지 늑대인지 잘 구별되지 않는 시간이 나에게도 온 것이다.

2023년 6월 25일

이세영

*이 책을 마이클이었던 큰아들, 라마즈로 태어난 작은아들과 평생 부부 연(緣)을 맺은 착한 큰 며느리, 씩씩한 작은 며느리에게 Dream니다.

그림 이다호

제1장

일본

나는 어렸을 때 일본에서 살았다. 1살 때인 1954년에 일본으로 갔으니까 우리나라는 전쟁 후 먹고 살기 힘들 때 아버지 덕분으로 안정되고 먹을 것 걱정 없는 일본에서 잘 지낸 셈이다. 아버지께서 한국은행 대판(大板, 오사카) 지점장으로 발령받으셨다. 아버지께서는 평생 오사카를 대판이라 부르셨다. 동경, 불란서, 비율빈(필리핀) 등 한자로 표기한 국가명이나 도시명을 우리식 그대로 발음한 것이다. 구라파(유럽), 서서(스위스), 서전(스웨덴), 화란(네덜란드) 등도 무척 자주 들었던 단어들이다. 그런데 영국, 독일, 이태리는 한자 발음 그대로를 현재도 쓰는 것을 보면 언어는 일정한 규칙보다 습관적인 것이 더 크게 작용하는 듯하다.

생각해 보면 아버지께서는 관운(官運)이 무척 좋으셨던 분이다. 일정시대(아버지께서 쓰시던 말) 상업고등학교 졸업 후 한국은행에 입행하였다. 그것이 당신의 운명을 어마어마하게 바꾸어 놓는 계기가 될 줄은 그 당시는 몰랐다고 늘 말씀하시곤 하였다. 요즘의 회사 같은 번듯한 직장이 있을 리 없을 때 은행은 최고의 직장이었을 것이다. 입행하기가 쉽지는 않았겠지만 고등학교를 우수한 성적으로 졸업한 덕에 당시 최고의 직장에서 사회 첫발을 디디셨다. 관운 좋으셨던 것은 일본 패망 후 해방이 되자 높은 지위에서 군림하던 일본인들이 모두 일본으로 떠났고 그 공백을 입사순으로 메우다 보니 자연스럽게 진급이 빠를 수밖에 없었다. 일본 대판 지점장으로 가신 1954년에 38살이셨으니 요즘과 비교하면 가히 파격이라 할 수 있다.

이런 연유로 나는 6살 때까지 일본 대판에서 살았다. 오사카 외곽 '아시야가와(芦屋川)'에서 5년 살았고 산수유치원 중퇴 학력을 갖고 있다. 유치원 다녔던 기억, 마을 한복판을 가로지르며 흐르던 하천(가와), 앞마당에서 즐겨하던 불꽃놀이, 이웃집에서 키우던 원숭이 등이 스냅 샷처럼 아스라이 남아있다. 그리고 우리 주변 지인들이 정이 들면 떠나고 또 새로운 사람이 나타난 기억이 있다. 그런데 모두 간코쿠(한국)로 가고 간코쿠에서 왔다는 것이다. 간코쿠가 뭐 하는 곳이고, 어디일까? 막연히 어딘가 있는 '이상향' 같은 느낌으로 간코쿠를 그리며 살았다. 한국은행 대판 지점장, 행원들 인사이동으로 한국으로 들어가고 또 새로운 분이 부임해 왔던 것인데 국가, 나라 개념이 없었을 때라 나의 궁금증은 점점 더해갔다.

어느 날 드디어 우리가 간코쿠로 간다는 것이다. 어찌나 기뻤던지. 간코쿠에 가면 나를 예뻐해 주던 누나, 뭐든지 잘하던 형, 친하게 지내던 문용을 다시 만나면 얼마나 기쁠까 하는 생각에 밤잠을 설치곤 하였다. 간코쿠에 가면 대판 아시야가와 근처에 모여 살았듯 모두 모여 나를 기다리며 내가 달려가면 와~ 하고 달려 나와 나를 반겨 주는 모습을 연상하며 간코쿠 가는 날을 손꼽아 기다렸다.

사무이데스
(추워)

우리 가족은 5년의 대판 생활을 마치고 1959년 간코쿠에 왔다. 후암동에 마당이 딸린 이층집에서 간코쿠 생활을 시작하였다. 한국은행 측에서 복리후생 차원에서 선입주, 후 장기 저리(低利)로 월급에서 갚아나가는 제도로 제공한 집이었다. 요즘에는 국가기관이나 대기업에서 아주 특별한 외국 인재를 모셔 올 때 그런 경우가 있다고 들은 적은 있지만 그 당시 그런 파격적인 제도가 있었다니 그저 놀라울 따름이다. 그뿐 아니라 6.25 전쟁이 발발하자 심상치 않음을 내다본 은행에서 가족부터 먼저 차를 내어주어 피난시켰다고 말씀하셨다. 어머니께서는 차타고 부산 피난 간 말씀을 자랑스럽게 하시곤 하였다. 조직에서의 그런 따뜻한 배려를 받은 아버지께서는 직장 제일주의의 대표적인 분이셨다. 조직 명령에 죽고 살뿐 아니라 한마디로 조직을 위한 일이라면 불 속에라도 뛰어들 각오가 되어 있는 분이셨다.

"난 한창 일할 때 너희들이 어떻게 크는지 몰랐어." 입에 붙으신 말씀이었다. 자식들에게 무관심하여 미안하다는 의미가 아니라 당신은 그렇게 직장생활을 열심히 하였다는 자랑스러움이 담겨있었다. 남자는 이런 각오로 직장을 다녀야 한다고 나에게도 말씀하였고 실제로 당신은 평생 그런 생활을 하셨다.

우리 세대는 어떠하였을까? 사이에 낀 세대이었을 것이다. 아버지 세대의 관점에선 '저렇게 애사심 없이 회사를 다니다니...'하며 '라떼' 이야기를 들어야 하는 느슨한 직장인이었지만, 아들 직장 다니는 얘기를 들으면 우리 때는 그나마 상당한 조직 결속력을 강조하였던 직장생활을 하였구나 하는 생각이 든다. 우리는 연공서열이 당연시되었던 아버지 세대와 능력 위주의 요즘 인사제도의 중간으로 서열과 능력을 적당히 안배하였던 시대에 직장생활을 하였던 것 같다.

직장 배려로 후암동에서 간코쿠 생활을 시작하였다. 우리가 살았던 곳은 일본식 집이며 아직도 생각나는 것은 온돌이 아닌 다다미방이었다. 일본에서 살다 왔으니 다다미는 익숙하였는데 문제는 일본보다 말도 못하게 추웠다. 1959년 11월, 간코쿠의 첫인상은 바람이 거세고 을씨년스러웠다. 그다음 해 1월이 되자 요즘 설렁탕집 대형 가마솥 같은 목욕탕 욕조에 받아 둔 물이 얼어 버렸다. 나로서는 경악할 추위였다. 지금 생각해보니 집 전체에 난방은 전혀 없었던 것 같다. 화로? 있었던 것 같기도 하고 기억이 잘 나지 않는다. 잘 때도 거의 외출복 수준으로 입고 담요와 두꺼운 이불을 목까지 덮고 잔 기억이 있다. 강추위가 올 때는 '유담보'라는 물통에 뜨거운 물을 넣어 천으로 꽁꽁 싸매고 껴안고 잤던 기억도 있다.

간코쿠는 내가 그리던 이상향이 전혀 아니었다. 친구들도, 알던 분들도 주위에 없고 예상치 못한 추위에 몸과 마음은 얼어붙었고 내 입에 붙은 말이 "사무이~, 혼도니 사무이데스~ (추워, 정말로 추워~)"였고 하루에도 여러 번 일본 생활을 그리워하며 뭐가 잘못되어 내가 이 지경이 되었나 하며 혼란스러워하였다.

쪽발이

그리워하던 간코쿠에 와서 내가 제일 많이 들었던 말이다. 그 당시도 지금도 정확한 의미를 모른다. 그저 안 좋은 말이라는 것과 놀릴 때 혹은 욕할 때 쓰는 말이라는 것은 누가 설명해주지 않아도 알 수 있었다. 나는 한국말을 전혀 모르고 일본말을 쓰니 동네에서 친구를 사귈 수 없었고 집에만 있는 외로운 아이였다. 하루는 아침에 골목이 시끌시끌하기에 골목으로 나가 보았다. 나가자마자 아랫집 기사 아저씨에게 붙잡혔다. 아랫집은 투 스타 장군 집으로 매일 운전병과 부관이 차를 대기하고 있었다. 심심하던 차 이웃에 일본에서 살던 아이가 있다는 얘기만 듣다 드디어 당사자를 만나자 너무 반가워한다. 호랑이 굴로 스스로 들어간 꼴이 되고 만 셈이었다. 울상이 된 나에게 짓궂게 일본말을 해보라 재촉한다. 팔을 이미 꽉 잡혔으니 이 난감한 국면을 돌파하는 길은 빨리 뭐라도 한마디하고 빠져나갈 수밖에 없다. 기어들어 가는 목소리로 일본말 몇 마디를 하자

다 같이 와~ 하고 웃으며 내뱉는 한마디, "쪽발이 xx!" 간신히 빠져나오면서 또 결심했다. 한두 번 당한 것도 아닌데 바보같이 또 붙잡혀 수모를 당하다니... 다시는 안 나간다!

자연히 밖에 나가기를 싫어하였고 집에만 있으려고 하던 나는 부모님의 걱정거리였다. 어머니는 안 되겠다 싶어 유치원에 나를 집어넣었다. 가기 싫다고 떼쓰는 나를 유치원에 다니도록 설득하셨다. 말도 배울 겸 친구도 사귀라는 좋은 의미는 어렴풋이 이해하였지만 간코쿠 온 지 1년이 지난 즈음이라 아직은 한국말보다 일본말이 더 익숙한 나는 걱정이 태산이었다. 일본말을 하면 왜 다들 쪽발이라 부르며 무시하는지 알 수 없었지만 나는 막연히 한국말을 못하여 당하는 수모라고 생각하였다.

유치원에 다니면서도 내가 한국말이 서툴고 일본말을 하는 아이라는 사실을 숨기고 싶어 자연히 종일 혼자서 말없이 놀았다. 아마도 어머니께서 선생님께 나의 상황을 설명하고 특별 관리를 요청하였을 것이다. 그러나 특별 관리라는 건 그저 내가 뭔가를 요구하지 않는 이상 그냥 내버려 두는 것이었다. 나는 말없이 혼자 지냈고, 선생님들은 쟤는 그냥 놔두면 된다는 식으로 나와 선생님 사이에 무언의 약속이 형성된 듯 아무 일 없이 지냈다.

그러다 사건이 터지고 말았다. 새로 선생님 한 분이 오셨다. 원장선생님이 새로 오신 선생님을 소개한 장면이 어렴풋이 기억난다. 새 선생님이 수업을 이끈 어느 날 새로운 노래를 가르쳐 주셨다.

'코끼리 아저씨는 코가 손이래, 과자를 주면은 코로 받지요.'

간단한 율동을 겸하여 부르는데 특히 '과자' 부분에서는 발을 쾅 하고 구르며 손을 위아래로 휘저으며 신나게 부르도록 배웠다. 짧으면서 가사도 쉽고 유치원 아이들에게 알맞은 노래였다. 그래서 누구나 쉽게 부른다고 생각하였는지 아무나 지적하면서 불러보라 시키는 게 아닌가. 앗! 하는 순간 나를 지목한 것이다.

간단한 가사 같지만 일본말을 하는 나에게는 함정과 지뢰가 곳곳에 있었다.

'코'라는 발음이 힘들다.

'끼', '씨'의 쌍자음은 모든 외국인에게 힘든 발음이다.

'과자'는 아이들에게 친근한 단어인데 발을 쾅 하고 마루를 구르는 통에 '과자'라는 단어가 픽업이 안 되어 내 귀에는 '앗야'로 들렸다.

"고기리 아저시는 고가 소니래, 앗야를 주며는 고로 받지요."

교실은 웃음바다가 되었고 아이들은 합창하듯 외쳤다.

"재 쪽발이에요~."

난 그때까지 나의 정체를 아이들이 잘 모른다고 생각하였다. 통 말을 하지 않고 조용조용 있었으니 일본에서 살다 와서 한국말이 서툴다는 사실을 들키지 않았다고 생각하였다. 그러나 모두 나의 정체를 알고 있었다. 선생님은 당황하고 나는 그 길로 집으로 왔고 그것으로 나의 한국에서 유치원 생활은 끝났다. 나는 일본 대판(오사카)에서 유치원을 다니다 중퇴하고 간코쿠에 왔으니 일본, 한국 양국에서 유치원 중도 하차라는 독특한 학력을 갖게 되었다. (물론 한국 유치원에서는 적당히 졸업장과 앨범을 주었지만)

노래하고 싶다는 아이에게 부를 기회를 주지 왜 아무나에게 노래시킬까? 이때 여자아이는 부끄러워하며 노래를 안 해도 슬쩍 넘어가는데 남자는 언제나 씩씩하게 노래를 불러야 한다. 왜 남자는 음치이거나 노래를 부르기 싫어도 해야만 할까?

그 후 더욱더 움츠러들었고 이런 마음과 태도는 노래뿐만 아니라 모든 생활에서 평생 나를 지배하였다. 남자는 누구나 가는 군대에서 꼭 알아야 할 생활 철칙이 하나 있다. 먼저 군대 갔다 온 선배들이 "중간만 해. 절대 나서지 말고 쳐지지도 말고 딱 중간!"하며 군 생활을 잘하는 요령을 한마디로 요약해 준다. 나는 군대 가기 전부터 이미 '중간'을 철저히 실천하고 있었다. 남이 하는 것을 보면서 뒤따라가고, 그렇다고 절대 처지지도 않는다. 뒤로 처지다 꼴찌라도 하면 누군가에게 주목받기 때문이다. 한마디로 주목받는 것이 두려워 앞도 뒤도 싫고 적당한 중간이 편하였다. 성인이 된 후 직장생활을 할 때 노래방이 유행하기 시작하였다. 돌아가며 노래를 반 강요받는 분위기니 어쩔 수 없이 미적미적하며 마지막으로 마이크를 잡고 노래하면 반응이 한결같다. 곧잘 하면서 왜 노래를 하지 않았느냐는 것이다. 나는 절대로 노래 잘하는 사람이 아니다. 한 번도 내가 노래를 흥얼거리거나 리듬을 타는 모습을 본 적이 없는 주위 사람으로는 생각보다 잘한다는 반응이었다. 아마 절대 음치 정도로 여겼던 것 같다.

노래뿐만 아니라 여러 사람 앞에서 자기 의견을 발표하거나 인사말을 하는 것 자체도 나에게는 큰 부담이었다. 말을 틀리게 하면 어쩌나, 발음이 이상하여 웃음거리가 되지 않을까 하는 걱정이 있었기 때문이다. 코스모피아를 시작하고 명색이 천문대장인데 인사말을 하지 않을 수 없었고 더구나 천문 강의를 누구에게 맡길 수 없어 여간 곤혹스러운 것이 아니었다.

내가 좋아서 시작한 코스모피아이니 어쩔 수 없이 떠맡듯 방문한 손님 앞에서 인사를 하고 강의를 진행하였다. 나중에는 학교에서 단체학생들이 많이 방문하였는데 단골 학교가 꽤 많았다. 여러 선생님에게 다른 천문대도 많은데 계속 코스모피아에 오는 이유를 물어보면 한결같이 강의가 좋아서 온다는 의외의 대답이 돌아왔다. 아내도 내 강의를 듣고 곧잘 하는데 왜 그렇게 하지 않으려 했냐고 힐난한다. 물론 언변이 뛰어나고 카리스마 있게 말을 잘한다는 의미보다 내용이 좋고 진심을 담아 차근차근 설명을 잘한다는 평이다.

나로서는 의외였다. 스스로 돌이켜 보아도 어릴 때 상처가 평생 가고 있다는 것을 이런 기회에 새삼 깨닫곤 한다. 노래, 실내 강의를 못하는 편이 아니면서 노래는 절대로 나서서 하지 않으며 실내 강의 역시 10년이 넘도록 하였어도 강의 시작 전에는 늘 긴장하고 강의 시간이 다가오는 것을 의식하곤 하였다. 무엇보다 여러 사람 앞에서 주목받는 것 자체가 싫은 것이 원인이었던 것 같다.

잘하는 것과 좋아하는 것은 다르다는 나름 의미 있는 깨달음을 얻게 되었다. 많은 사람은 같다고 생각하는 듯하다. 노래 부르기를 좋아하는 사람은 노래를 잘한다. 또 노래를 잘하면 노래 부르기 좋아한다. 맞는 얘기다. 그러나 노래 부르는 것을 좋아하지만 못 부를 수 있고, 노래를 곧잘 해도 부르기 싫은 사람도 있을 수 있다. '누구'는 술을 좋아하는 사람이 아니고 그저 잘 마시는 사람이라 한다. 처음 들으면 뭔 말도 안 되는 얘기냐 하겠지만 나는 나름 그 의미를 이해하였다. 술도 그럴 수 있는지 모르겠지만 잘하는 것과 좋아하는 것은 분명 다르다. 참고로 그 '누구'라는 사람은 거의 매일 보통 사람 치사량의 술을 마신다.

나의 어린 시절뿐만 아니라 성장기에도 쪽발이 사건은 크게 작용하였다. 가끔 나의 어린 시절을 떠올릴 때마다 이런 생각을 해 본다. 내가 만약 영어권에서 어린 시절을 보내고 한국에 왔다면 나의 위상이나 위축된 나의 성격도 달라지지 않았을까?

'쪽발이 xx'에서 '쟤는 영어 잘하는 대단한 아이'로 바뀌었을 테고 내 인생도 많이 달라졌을 것이다. 일본과는 기억하기 싫은 역사가 있으니 얕보고 싫어하는 마음이 이해 가지만, 영어권에서 살다 왔기 때문에 영어를 잘하는 것인데 무조건 대단하다 심지어 똑똑하다고 생각하는 인식은 문제가 있지 않을까? 아무튼 역사에는 가정이 없지 않은가. 나는 지금 나의 인생이 소중하고 고마울 뿐이다.

산수유치원

대학 시절 운 좋게 일본 갈 기회가 있어 내가 다니던 유치원과 집을 찾아보았다. 6살짜리 유치원생이었던 나는 어느덧 성인이 되어, 대학 1학년생인 18세 때 방문이었다. 12년 만의 방문이라 거의 변화가 없는 일본답게 모든 것이 그대로였던 기억이 있다. 아시야가와역에 내리자 메모리가 재부팅되듯 모든 것이 기억나기 시작하였다. 역에서 곧장 걸어 나오면 천(川-가와)이 나오고 오른쪽 주택가에 살던 집이 있고 천을 건너면 유치원이 있고... 안내 없이 살던 집, 유치원, 동네 형 집 다 찾을 수 있었다.

아버지 지점장 시절 같이 일하였던 일본 행원분이 동행해 주었다.

일본에서 살던 집

2017년 방문 사진

2017년 친구들과 한 번 더 방문 기회가 있었다. 그 사이 내가 다니던 산수유치원은 이웃 유치원과 합병하여 옛 산수유치원 자리에 새로운 유치원이 들어섰다.

아시야가와

제2장

미국 유학

린츠버그 대학
(Lynchburg College)

1. 린츠버그 대학(Lynchburg College)

나는 한국말이 아직도 서툴다. 그러나 주위에서는 아무도 느끼지 못한다, 아마 아내까지도. 나만이 아는 서투름이기 때문이다. 미묘한 차이라고 할까 아무튼 아무도 느끼지 못하겠지만 말하는 것도 약하지만 특히 듣기가 약하다. 물리적인 귀의 문제가 아니다. 상대방 말이 길어지면 핵심이 잘 파악되지 않고 전체 의미가 또렷하게 잡히지 않는다. 이건 분명히 일본말을 어릴 때 하다 6살부터 한국말을 익혔기 때문만은 아니다. 원래 그렇게 태어난 것이지만 나에게는 좋은 핑곗거리가 되었다.

우리 시대에는 주입식 교육을 받았다. 외국어마저 주입식인 문법 위주로 공부하던 시대라 고등학교 시절, 대학 시절까지 내가 영어를 잘 못한다고 생각한 적은 없었다. 시험 점수가 그다지 나쁘지 않았기 때문이었다. 잘하진 못하였지만 중(中) 정도로 남들 하는 만큼은 하였다. 80년대 초까지는 외국으로 유학 하려면 국가고시인 유학 시험을 통과해야 했다. 달러가 귀하던 시절이라 한마디로 갈 사람만 가라는 나라의 뜻이었다. 그 어렵다는 유학 영어시험을 통과하였다면 영어 실력이 최고는 아닐지라도 그다지 나쁘지 않았다는 것을 증명한다. 그렇지만 외국어인 영어로 듣고 말하는 것이 쉽지 않을 것이라는 나만의 느낌은 있었다.

유학 시절 절실하게 느낀 것이 여태 배운 영어는 빙산의 일각이며 새로운 언어와 직면한 기분이었다. 유학 영어시험을 패스한 실력은 아무짝에도 쓸모없었다. 모국어를 늦게 시작하여 또 하나의 언어인 영어를 받아들이는 데 장애가 있겠다고 막연히 생각했지만 그 상황이 현실로 다가온 것이었다. 미국에서 필요한 영어는 문법이 아닌 히어링, 스피킹 등 실제 생활에서 필요한 생활영어임은 두말할 필요 없지 않은가.

더구나 내가 공부한 경영학 석사과정(Master of Business Administration, MBA)은 거의 모든 수업이 프레젠테이션(발표), 토론, 디베이팅(논리 대결) 등으로 이루어지니 임자 제대로 만났다. 시험, 리포트도 중요하지만 매 수업 시간 참여도 점수를 가장 높게 책정하여 학점을 매기는 제도였다. 도저히 넘지 못할 산을 만난 기분이었다. 3시간 수업 내내 한마디도 못하고 끝난 경우도 있었으니 이러면 좋은 학점은커녕 그 과목 이수 자체가 문제될 수 있었다. 수업 참여도는 크게 2가지가 있다. 하나는 참여도

(participation), 또 하나는 기여도(contribution)이다. 참여도는 글자 그대로 말이 되던 안 되던 많이 참여만 하면 인정받는 점수이며, 기여도는 모든 수강생의 공감을 얻는 발언이면 인정받는 점수이었다. 많은 수강생의 참여를 유도하면 그중 공유할 만한 멋진 아이디어가 나온다는 논리였다.

생각다 못해 교수 면담을 신청하고, 하소연 끝에 하나의 특혜를 부여받았다. 교수는 나에게 기여도는 문제 삼지 않을 테니 무조건 많이 떠들라고 주문하였다. 그것만으로도 대단한 특혜지만 교수 방을 나서기 직전 하나만 더 페이버(favor)를 줄 수 없냐고 하며 내가 손들면 나에게 먼저 발언 기회를 달라고 부탁하였다. 내 투지에 감동하였는지 빙그레 웃으며 알았다고 하였다. 모든 수강생이 다른 수강생들의 공감을 얻어야 하는 기여도보다 참여도가 일단 더 중요하다는 것을 알기에 누군가의 발언이 끝나기 무섭게 "오피니언" "오브젝션" "코멘트" 등을 외치며 손을 든다. 상황이 그러하니 내가 끼어들기가 난감하였기에 부탁한 것이다. 그 후 나는 수업 준비 중 중요한 부분에서 내가 발언할 말 몇 개를 미리 영작하여 달달 외우고, 비슷한 흐름이 나오면 눈 딱 감고 손을 들어 발언 기회를 얻었다.

미국은 평등의 가치가 무척 중요한 나라이다. 이런 특혜를 나에게만 주는 것은 문제가 될 수 있다. 교수는 나와 면담 후 첫 수업에서 모든 수강생에게 설명하고, 수강생 모두의 묵시적인 양해를 미리 구한 것이다. 이런 특혜가 통한 데는 내가 다녔던 학교의 독특한 환경이 크게 작용하였다. 나와 아내는 그 학교 대학원 학생 통틀어 유일한 외국인 학생이었다.

나와 아내는 유학 시기가 다소 늦었다. 1980년대까지는 대학을 한국에서 졸업하고 대학원으로 유학하는 코스가 일반적이었다. 특히 남자는 군 복무 3년을 마치고 유학길에 오르니 나이는 25~6세 정도가 보통이었다. 그런데 나는 회사를 3년 다니다 결혼하고 첫애까지 낳고 유학을 가게 되었으니 그때 28세이었다. 첫애를 낳고 더 기다릴 수 없어 백일이 지나자 들쳐 업고 유학길에 올랐다.

나는 한 살 때 일본으로, 큰아들은 백일 때 미국으로 갔으니 나와 큰아들은 비슷하게 운명적으로 그런 팔자였던 모양이다.

'무식하면 용감하다!' 그때를 회상할 때면 지금도 아내와 곱씹는 말이다. 백일 지나자마자 애를 안고 낯선 미국으로 공부한답시고 갔으니 지금 생각해도 무식에서 나온 용감이었다는 생각만 난다.

입학허가서를 워싱턴 디시(Washington D. C.)에 있는 학교에서 받았으므로 대도시에서 미국 생활을 시작하였다. 대도시에서 6개월 살면서 공부하다 보니 이건 뭐가 잘못되어도 한참 잘못되었다는 것을 알았다. 대도시 생활이 다 그렇다지만 공부도, 애 키우는 일도, 가정생활도 모두 엉망이었다. 무엇보다 한국에서는 유학생 1인당 송금액이 엄격히 제한되었던 시절이라 나에게만 주어진 인정 송금액으로 3식구가 대도시에서 살기에는 경제적으로 너무 힘들었다.

지인의 소개로 우리는 대도시를 벗어나 버지니아주 작은 도시 린츠버그(Lynchburg)로 이사를 하고 린츠버그대학(Lynchburg College)으로 학교를 옮겼다. 린츠버그는 애팔래치안 산기슭에 있는 도시로 올망졸망한 대학이 여럿 있는 학교 타운이었다. 우리 세대에 널리 알려진 〈월튼네 가족〉이라는 미드가 있었다. 미국 개척 시대 넉넉지 않지만 소박하게 사는 가족 이야기인데 린츠버그는 그 배경이 된 산속 샤로츠빌 타운보다 더 산속에 있었다.

시골 소도시의 조그마한 학교로 모든 교직원, 교수가 친절하였고 우리 부부를 따뜻하게 맞이해 주었다. 외국 유학생이 거의 없는 조용한 학교에 우리가 등장하자 모두 관심을 보였다. 총장까지 만나 악수하며 커피 한 잔 대접 받았으니... 지금과 달리 코리아라는 나라를 전혀 모르는 시절이라 더욱 신기하였나 보다. 대학원 코스는 내가 공부하려던 경영학 석사과정(MBA), 아내가 공부하고 싶은 교육학 석사과정 딱 두 코스뿐이었다. 마치 우리를 위한 맞춤 학교 같았고 학비는 파격적으로 저렴하였다. 타 대학 MBA 코스의 20~30% 수준이었다.

학교 재정이 좋은데도 의도적으로 학교를 키우지 않는 독특한 학교였다. 그 이유는 학교가 커지면 주(州) 정부의 요구 사항에 따라 마이너리티인 흑인, 멕시칸을 비롯한 여러 유색인종 교육을 떠맡아야 하기 때문이었다. 그러고 보니 워싱턴 디시에서 다니던 학교는 백인보다 흑인이 더 눈에 띄었는데 린츠버그대학에서는 눈 씻고 찾아보려고 해도 볼 수 없다. 어쩌다 만난 흑인은 인도 유학생이었다. 대학과정 유학생은 더러 있지만 대학원 학생은 통틀어 딱 2명 바로 나와 아내뿐이었다. 그러니 산속에서 백인끼리 조용하게 운영하는 학교에 매해 아주 제한적으로 뽑는 유학생 자리에 어찌하다 우리가 입학하게 된 것이다.

린츠버그 근처에 있는 소규모 학교들 모두가 나름 전통 명문이면서 규모를 키우지 않았다. 장편소설 "대지"로 유명한 펄 벅(P. S. Buck, 1892~1973)의 출신학교인 랜돌프-메이컨(Randolph-Macon)대학과 스윗브라이어(Sweet Briar)대학은 동부의 전통 미국 화이트인 WASP(White Anglo-Saxon Protestant: 백인으로 앵글로 색슨계 신교도)의 자녀들이 다니는 그들만의 리그로 조용하게 알려진 학교들이다.

시골 조그만 타운으로 이사 오자 숨통이 트였다. 학비도 싸고 아파트 월세, 수도, 전기요금 심지어 자동차 보험료까지 적게 나가니 경제적인 여유도 생겼다. 게다가 학교 식당에서 웨이터로 파트-타임(part-time)으로 일하며 용돈을 벌기도 하였다. 이 돈은 생활비와 별도로 100% 여행경비로 충당하였다. 대도시에서 지방으로 내려와 모든 게 여유로워졌지만 월 인정 송금액으로는 여행을 맘껏 다니기에는 부족했다. 여행에 재미들인 나는 아침, 점심 2번을 뛰면서 알바하였다. 아내가 가장 좋아했다. 알바 혜택으로 아침, 점심을 공짜로 먹고 용돈까지 벌어오니 일석이조였다.

숨통이 트이자 아내는 큰아들을 이웃 여고생에게 베이비시팅을 맡기고 같이 학교에 다니기 시작하였다. 우리 부부는 그 지방 신문에 실릴 정도의 희소성이 있었다. 린츠버그대학 대학원 코스 유일한 외국 유학생이 한 명이었다가 한 명이 늘어 2명이라 설명하고 그들은 부부며 코리언이라는 설명까지 곁들였다. 지방 신문 기사 내용은 린츠버그대학(여러 대학 중 그나마 규모가 제일 컸다)에서 외국 학생을 적극적으로 유치하면 지방 경제에 도움이 된다며 보다 많은 유학생을 받아야 한다는 기사였다. 그러면서 각 대학, 대학원과정의 외국 유학생 현황을 소개한 것이다.

린츠버그로 이사하고 우리 3식구는 미국에 안착하면서 본격적인 유학 생활을 시작하였다.

도서관

EPISODE

plenty(많은)

학교 식당에서 아르바이트할 때였다. 배식(配食) 파트에 배정받아 일하는데 점심시간 피크 타임에는 숨넘어가게 바쁘다. 오전 수업 마친 학생들이 한꺼번에 몰려온다. 스파게티가 제공되던 어느 날, 나의 할 일은 스파게티 면을 한 묶음 떠서 식기 위에 얹어 옆 친구에게 넘기는 작업이었다. 그런데 스파게티 면이 나올 땐 굉장히 뜨거워 위생장갑을 2개나 끼고 작업을 해도 손끝이 아리아리하다.

정신없이 뜨거운 면을 뜨고 있는데 "... plenty" 하는 여학생 목소리가 들려왔다. 많이 달라는 주문으로 알아듣고 한 번 더 떠주자 한 번 더 "... plenty" 하는 소리가 들려 왔다. '여학생이 많이도 먹네' 하며 한 번 더 떠서 주었다. 식기에 하나 가득 면을 떠 주고 순간 눈이 마주쳤는데 생끗 웃으며 고맙다며 갖고 갔다. 그런데 주위에서 웃느라 정신들 없었다. 뭔가 잘못되었다는 것은 알겠는데... 생각할 틈도 없이 다시 배식을 시작하였다. 피크 타임이 지나 한숨 돌리며 동료들에게 아까 상황을 물어보자 또 웃으며 하는 말이,

"That's plenty. (그거면 많아)"

두 번째 말은 "Oh, no. That's plenty. (아니야. 그거면 많아)"

첫 번째 담은 양도 많다고 했는데 내 귀에는 그저 'plenty'만 들려 2번을 더 주었으니... 그래도 내가 민망해할까 봐 눈이 마주치자 생끗 웃으며 가는 여유를 보였다.

EPISODE

꽃단장

학교 식당에서 일하다 보면 땀을 많이 흘릴 수밖에 없다. 조리하는 주방도 덥고 특히 컨베이어 벨트로 돌아가는 식기 세척기는 펄펄 끓는 물을 쓰니 음식 갖고 올 때와 설거지할 식기류를 세척장으로 나를 때는 후끈거리게 덥다.

어느 날 나에게서 뭔가 안 좋은 쾨쾨한 냄새가 난다는 것을 알았다. 마늘? 미국에서 생활하면서 마늘 생각이 간절해지기 시작한 것이다. 원래 마늘을 좋아하였지만 한국에서도 잘 안 먹던 생마늘을 밥 먹으며 고추장에 찍어 먹곤 하였다. 이해할 수 없는 이 행동의 의문이 풀린 것은 미국 생활 오래 한 교포 얘기 듣고 나서였다. 바로 마늘 금단현상이라는 것이다. 한국에서는 모든 반찬뿐만 아니라 특히 김치에 이미 마늘이 있으므로 골고루 먹다 보면 마늘을 충분히 섭취하게 되는데 미국에 오면서 금단현상이 생긴 것이라고 했다.

미국에 사는 이방인으로 그들과 어울려 살려면 그들 냄새에는 관대하고 나의 냄새에는 엄격해야 예의라는 생각이 들었다. 우선 마늘부터 줄이고, 식생활 습관이 다르니 입 냄새에 조심하고 또 같은 한국 사람끼리는 모르고 지나칠 수 있는 고유의 체취에도 신경 써야겠다고 생각하였다. 조심하더라도 한계가 있으니 아내의 도움을 받아 화장품을 쓰기 시작하였다.

우선 애프터 쉐이브 로션부터 향이 강한 것으로 바꾸고 데오도런트(deodorant)를 겨드랑이에 발라 땀을 억제하는 동시에 은은한 향을 풍기도

록 하고 마지막으로 향수 대신 오드뚜왈렛(eau de toillette)을 뿌리며 무장하였다. 새벽에 샤워하고, 공들여 화장하고 아내에게 바이(bye) 하자 아내가 한마디 한다.

"꽃단장하고 오늘은 누구랑 데이트 하남?"

2. 기초 마케팅

MBA 코스의 기초 과목 중 하나이다. 당연히 거쳐야 할 과목이기에 별 생각 없이 수강 신청 사인을 받으려고 지도교수를 만났는데 뜻밖에 반응은 쉽지 않은 코스이니 나중에 들으라는 것이었다. 나는 세라믹공학을 전공하였지만 편입 후 2년 동안 경영학을 공부하였는데 기초 마케팅 코스를 아직 수강할 준비가 안 되었다니 해도 너무한 거 아닌가 하고 심사가 뒤틀렸다.

다음에 '어드밴스드 마케팅(Advanced Marketing)'을 들으려면 이 과목이 선행과목이니 이번 학기에 이수하여야 한다는 점을 강조하며 기회를 달라고 하소연하였다. 알았다는 듯 퉁명스럽게 마지못해 허락하여 주었다. 그런데 지도교수의 망설임에는 이유가 있다는 것은 나중에 알았다. 그 학교 MBA 코스에서 가장 악명 높은 코스 중 하나였다. 많은 수강생에게 이 '기초 마케팅' 코스를 넘느냐 못 넘느냐는 졸업을 할 수 있느냐 없느냐의 첫 관문이었다.

엄살 섞인 수강생들의 푸념은,

"나는 아예 첫 코스로 이걸 잡았어. 이 코스 못 넘기면 어차피 졸업 못 하잖아?"

"나는 C가 목표야."

"난 작년에 실패해서 이번이 재도전이야."

뭔가 심상치 않았다. 알고 보니 엄살만은 아니고 모든 수강생은 A는 아예 바라지도 않고 B 플러스면 물론 좋겠지만 B 마이너스가 현실적인 목표이고 C를 받고라도 넘어만 간다면 그게 어디냐고 만족해하는 코스였다. 사실 대학원에서 C 학점은 과목낙제나 다름없지만, 어쨌든 그 과목을 패스한 것으로 인정되므로 그것도 좋다니 도대체 어떤 코스이기에 이 난리인가 하는 궁금증마저 생겼다.

첫 수업 날, 긴장감이 돈다. 교수가 들어오고 각자 자기소개도 생략한 채, 바로 실러버스(syllabus)를 나누어준다. 실러버스는 과목 소개 및 요구하는 과제 그리고 가장 중요한 '평가는 이러이러한 방법으로 하겠다'에 대한 설명서이다. 실러버스부터 꽤 두껍다. 읽는 속도가 느려 중간 정도 읽고 있는데 교실에서는 신음과 한숨 소리가 간간이 새어 나온다.

교수가 유머를 섞어 추가 설명하는데 아무도 웃지 않는다.

"내가 이 실러버스를 나누어주면 어김없이 2가지 질문이 들어온다. 여러분도 그 질문을 하고 싶을 테니 아예 내가 질문하고 답하겠다."

"첫째, 정말 이대로 곧이곧대로 진행하실 겁니까? 나의 대답은 '예스 피어리어드.'"

"둘째, 이렇게 진행하여도 수강생들이 해냅니까? 나의 대답은 역시 '예스 피어리어드.'"

피어리어드(period)는 더 이상 왈가왈부하지 말라는 의미로 우리의

"끝!" 정도의 의미이다. 이어 여러분들도 할 수 있으니 힘을 내라며 격려하였다.

집에 와 다시 훑어보니 흔히 하는 말로 장난이 아니었다. 이 코스를 왜 두려워하는지 이제 깨달았다. 과목 내용이 어려운 것이 아니라 요구 사항이 많고 제출해야 하는 과제가 많기 때문이었다. 미국은 미국이구나 하는 생각이 들었다. 극단적으로 비유하면 우리가 배울 때는 다음 소개할 (5)번 하나로 한 학기를 보냈다. 이제 와서 이 과목을 철회하려 하여도 지도교수 얼굴이 떠올랐다. 철회한들 다음 학기에 듣는다고 나아질 것도 없지 않은가. 미리 리포트를 준비하였다가 다음 학기에 들을까? 그것보다는 두 번 수강할 셈 잡고 일단 싸워보는 게 정답이란 생각이 들었다.

(1) 매 클래스는 케이스 스터디로 진행한다. 단, 발표자는 무작위로 지명하는 소크라테스 방식이다. 어쩌다 위대한 성인 이름을 붙였는지 모르겠지만 소크라테스 방식은 하버드 법과 대학원에서 유래 되었다고 알려졌다. 공부의 질을 떨어뜨리지 않고 많은 학생을 받을 수 있는 아이디어로, 무작위로 지명받았을 때 충분한 자기 의견을 발표하지 못하면 그 자리에서 탈락하는 수강생들의 저승사자 시스템이다.

(2) 텀 페이퍼(term paper: 학기 중 제출해야 하는 리포트)는 2개로 논문에 가까운 격식을 차려(formal) 작성할 것. 단, 첫 번째는 미드 텀(mid term: 학기

중간) 전에 제출해야 한다.

(3) 상품 하나를 정하여 그 상품의 현황을 요약하여 학기 초에 제출하고 한 학기 동안 그 상품의 변화 추세를 정리하여 리포트로 제출할 것. 잘된 것은 프레젠테이션 할 기회를 주겠다.

(4) 책 5권을 도서관에 리저브(reserve: 도서관 내에서만 볼 수 있도록 대출을 금지하는 제도) 하였으니 맘에 드는 책 한 권을 읽고 독후감이 아닌 '비평문(critical paper)'을 제출할 것.

(5) 시험은 중간, 학기 말 2번으로 순수하게 마케팅 지식에 관한 시험. 교수가 덧붙이기를 너무 많은 페이퍼를 요구하는 코스라 아무도 책을 읽지 않기에 마케팅에 관한 기본 지식은 각자 공부하게 하려는 의도이므로 에세이 형식의 문제가 아닌, 알고 있는가를 테스트하는 단답형으로 출제된다는 설명이다.

이어 교수는 팀을 짜서 해도 좋다고 하였다. "와~!" 하는 반가운 반응도 잠시 교수는 평가 방법이 다르다는 설명을 하였다. 혼자 리포트를 제출할 때와 2명, 3명, 최대 4명까지의 팀 리포트는 평가 기준이 엄격하게 다르므로 팀플레이와는 별도로 리포트는 몇 명의 이름으로 제출할 것인가를 신중하게 결정하라고 당부하였다. 4명의 공동 팀 리포트는 여간 잘

하지 않고는 좋은 학점은 기대 말라는 말을 덧붙인다. 그리고 텀 페이퍼 둘 중 하나는 반드시 각자 제출해야 한다는 것이다.

쉬는 시간에 팀 짜느라 서로서로 밀당하기 바쁜데 나는 어차피 또 혼자다. 아무도 나를 반기는 팀이 없으니 혼자 할 수밖에. 첫 수업 종료 후 교수는 나와 또 한 학생 이름을 부르며 잠깐 남으라고 한다. 또 한 명은 여성분이었다. 교수는 혼자 해내기 쉽지 않은 코스임에도 두 사람만 혼자 하겠다고 하였는데 둘이 팀을 만들면 어떻겠냐는 제안이었다. 당연히 둘 다 예스하고 우린 한 팀이 되었다.

한 팀이 된 여성분은 근처 대형 백화점 중간 매니저급의 직장 여성이었다. 나이는 짐작하건대 나와 비슷한 느낌이었다. 이름은 '몰리'(Molly), 라스트 네임은 기억나지 않는다. 잡(job)에 도움 될까 하고 마케팅 코스를 신청하였는데 이렇게 요구 사항이 많을 줄 몰랐다며 그만둘까 생각 중이라는 것이다. 어르고 달래서 진정시키고 날 잡아 만나서 같이 심도 있는 격파 작전을 수립하기로 하였다.

우선 (3)번 상품 아이템으로 카메라를 제안하였다. 개인적으로 카메라는 왜 늘 검은색일까? 하얀색, 노란색 심지어 빨간색 카메라는 왜 없을까? 에 대한 궁금증이 있었다. 몰리(Molly)도 듣고 보니 그렇다며 대찬성이었다. 전반부는 내가 맡고, 후반부 리포트는 백화점 카메라 부서 담당에게 지원받아 몰리(Molly)가 제출하기로 하였다.

(4), (5)번은 어차피 혼자 해야 하고 (1)번이 제일 문제였는데 나는 이미 교수와 딜(deal)을 한 상태였다. 늘 하던 대로 영어가 약하다는 핑계로 나를 지명전에 미리 알려 달라고 부탁하였다. 그러자 교수는 단호하게 거절하였다. 한 번 지명하여 프레젠테이션을 하고 나면 케이스 준비를 하지 않고 수업에 참가하여도 자기로서는 체크할 방법이 없다는 이유였다. 당연하다. 기다렸다는 듯 히든카드를 제시하였다. 매 케이스의 요약, 분석, 의사결정의 결론을 리튼(written)으로 제출하겠다, 받아보면 충분히 준비하였는데 언어적인 문제로 발표만 못하는 것을 알 수 있지 않겠느냐고 설득하였다. 역(逆)제안에 약간 놀라며 어쨌든 내 제안을 받아 주었다. 그렇다고 해도 쉽지는 않았다 우선 케이스 스터디의 읽어야 할 양이 너무 벅찼다. 30페이지 정도? 그런데 그걸 읽고 요약하고 의사결정 프로세스를 그럴듯하게 전개하는 리포트를 매주 제출하는 로드(load)는 엄청났다. 나에게는 이 케이스 스터디 하나만 준비하면서 한 학기를 보내도 될까 말까 할 양이었다.

이것을 몰리(Molly)에게 설명하고 내가 매 케이스 스터디 정리한 것을 늦어도 이틀 전 넘겨주겠다, 대신 (2)번 첫 텀-페이퍼를 주도적으로 맡아 주지 않겠냐고 제안했다. 거래는 성사되었고 우리는 매주 2~3번 만나 서로 의지하며, 격려하며 어렵게 앞으로 나아갔다.

한 주, 한 주 살얼음을 딛는 기분이었다. 그러던 어느 날 에콰도르에서 온 유학생 '마리오(Mario)'를 만나자,

“세오~ 너, 요즘 미인과 같이 다니던데?”

세영 발음이 어려웠는지 나를 늘 ‘세오’라고 부른다. 대꾸할 기운도 없었다. 또 한 번은 학교 식당에서 같이 일하는 알바 동료가 뜬금없이,

“너 요즘 도서관에서 예쁜 미스와 같이 있는 모습이 자주 보이던데....”

우연의 일치는 아닐 텐데 누구지? 내가 아는 미스라면... 혹시 몰리(Molly)? 그날 오후 약속 시간에 도서관 옆 주차장에서 걸어오는 몰리(Molly)의 모습이 보였다. 늘씬하고 커리어 우먼답게 정장을 하고 과제물과 커피 2잔을 들고 나를 보자 환하게 웃으며 다가온다. 자세히 보니 상당한 미인이었다. 내가 커피를 좋아하는 것을 알고 늘 내 커피를 챙겨 주었다. 그날따라 커피 향이 좋았다.

내가 이런 미인과 같이 팀을 이루어 1주일에 2~3번은 꼭 만났으며 수업 중에는 늘 나란히 앉고, 브레이크(휴식) 타임에도 꼭 붙어 다니는 사이였다니! 휴식 시간에는 늘 혼자였는데... 이제는 같이 얘기할 동료가 생긴 것이다. 몰리(Molly)도 첫 과목이라 아는 수강생도 없었지만 브레이크 시간에도 긴밀하게 협의해야 할 만큼 그 과목은 요구 사항이 많았다. 몰리(Molly)의 미모를 의식한 후부터 기운이 나고 난공불락 같은 이 과목을 끝낼 수 있다는 투지가 살아났다.

어느덧 학기는 막바지로 치닫고 있었다. 처음 25명 정도 수강 신청을

하였는데 이제 20명이 채 안 되게 남아 버티고 있었다. 겨우겨우 한 주 한 주 넘기고 있는데 넘어야 할 산(山)인 (4)번이 기다리고 있었다. 내 영어 실력으로는 두꺼운 책을 읽고 나름 평을 해야 하는 과제는 불가능이었다. 어쩌면 한국말로 된 전문 서적도 나에게는 벅찬 과제이었을 것이다. 잔머리를 굴리기 시작하였다. 아무 책이나 무작위로 5권을 골랐다, 심지어 소설책도 동원하여. 그리고 각 책의 프롤로그와 에필로그를 읽고 그 내용에 내가 선택한 책의 용어, 즉 주요 단어로 바꾸는 작업을 하였다. 짜깁기였다.

각 책의 프롤로그에는 각 장에서 저자의 하고 싶은 이야기가 주로 나온다. 장별로 저자가 그 장에서 하고 싶었던 내용과 강조하였던 내용을 설명하는 대목이 나온다. 이 문장의 골격은 살린 채 선택한 책의 마케팅 단어로 바꾸어 마치 내가 읽고 난 후의 의견인 것처럼 짜깁기하였다. 그리고 에필로그를 읽다 보면 못다 한 이야기나 어느 부분이 아쉬웠다는 대목이 나온다. 이것을 응용하여 이 책의 어느 부분은 조금 더 다양한 사례를 소개하였으면 좋지 않겠나 싶고, 어느 장은 이러이러한 점이 아쉬웠다는 내용으로 짜깁기한 것이다. 그나마도 쉽지 않은 작업이었지만 읽고 쓰는 것은 불가능하므로 선택의 여지가 없었다.

각고의 노력 끝에 그럴듯하게 작성되었다. 너무 잘 써 읽지 않고 짜깁기한 게 탄로 나는 것 아닌가 불안할 정도였다. 결과적으로 책 비평문 과제의 점수는 B 플러스를 받았다. 양심의 가책은 받았지만 잔머리가 통한 것이다. 그동안 책 7권을 출판하면서 프롤로그와 에필로그를 쓸 때면 유학 시절 잔머리 굴리며 짜깁기하였던 기억이 났다. 그래서 그런지 프롤로그와 에필로그를 무척 공들여 작성하곤 하였다.

시험은 당일치기도 아닌 벼락치기로 겨우 넘기고 이제 마지막 하나가 남았다. 두 번째 텀 페이퍼로 각자 해야 하는 과제였다. 소크라테스 지명 방식은 특혜로 미리 준비하여 2번의 발표로 넘어갈 수 있었지만 매 케이스 요약 리포트가 너무 시간을 많이 잡아먹었다. 더구나 몰리(Molly)에게 넘겨줄 요약이니 적당히 할 수 없었기에 더욱 신경이 쓰였다. 다른 과목도 만만치 않아 도저히 시간을 두 번째 텀 페이퍼에 할애할 수 없었다. 교수에게 미리 제목과 전개 방향에 대한 메모를 제출해야 함에도 이것조차 못한 상태였다. 마지막 학기말 시험이 끝나자 교수는 한 학기 동안 수고 많았다는 격려는 잠깐, 두 번째 텀 페이퍼 및 해야 할 과제를 제출하지 못한 수강생 이름을 호출하였다. 나 말고도 5~6명이나 되었다.

나는 학기가 끝나는 날부터 두 번째 텀 페이퍼를 시작하였다. 봄 학기가 끝나 캠퍼스는 조용하다 못해 적막하였고, 때는 신록이 우거진 계절의 여왕 5월이었다. 햇살 가득한 캠퍼스는 한 폭의 그림같이 아름다웠고, 저 멀리는 호수가 보이고 백조, 오리가 유유히 물살을 가르고 있었다. 도서관에는 아무도 없었다. 매일 아침 있는 책, 없는 책 하나 가득 펼쳐놓고 끙끙대고 있었으니 누가 보아도 정상적인 모습은 아니었다. 어느 날 도서관에서 일하는 알바생 패기(Peggy)가 나에게 오더니 "너는 이 화창한 날에 인생을 낭비하고 있다는 생각이 안 드니?" 대략 이런 내용의 말을 건넨다. 약간 맛이 간 사람 취급이었다. 나보다 10년 넘게 어린 학생으로부터 인생 훈계(?)를 들을 줄이야.

패기(Peggy)는 학교 식당에서 알바하면서 알게 되어 인사하고 지내는 사이인데 여름 방학에는 도서관에서 알바하는 아주 열심히 사는 여학생이다. 나와는 묘한 인연이 있었다. 어느 날 찾고 싶은 책을 패기(Peggy)에게 부탁하자 골몰히 생각하더니 어디 있는지 알 것 같다며 무심코 내 손을 잡으며 같이 가자는 모션을 취했다. 그런데 순간적으로 깜짝 놀라 나도 모르게 손을 탁 뿌리치고 말았다. 갑작스러운 나의 행동에 패기(Peggy)도 깜짝 놀라 우리 둘 사이에는 어색한 침묵이 흘렀다. 그러고는 패기(Peggy)가 먼저 정중하게 사과했다. "당신의 관습이나 종교적인 규범을 건드렸다면 내가 몰라서 그런 것이니 이해해 달라"고 했다. 나는 나대로 그런 건 아니고 단지 놀랬을 뿐이라 해도 패기(Peggy)는 미안해하며 거듭 사과를 하고... 예쁜 여학생이 먼저 잡은 손을 뿌리쳤으니 지금 생각하여도 얼굴이 화끈거리는 장면이다. 아마 패기(Peggy)는 아랍권의 어느 나라와 비슷하게 한국 사람들도 남녀를 엄격하게 분리하고 더더구나 신체접촉은 있을 수 없다고 이해한 듯하였다.

아무튼 다급한 사람은 나 말고 또 한 사람 있었다. 교수도 다급해졌다.

늦게 제출하여도 좋다고 얼떨결에 허락은 하였는데 2주 넘게 늦을 줄은 예상하지 못한 것이다. 교수도 내 학점을 결정하여 교무처로 넘기고 휴가를 즐겨야 할 시간에 나 때문에 붙잡힌 꼴이 되었다. 마지막으로 제본하려고 펀처로 구멍을 뚫고 있는데

"너, 구멍 잘못 뚫었어."

깜짝 놀라 쳐다보니 교수가 친히 나를 만나러 도서관으로 와서 옆에서 지켜보고 있었다. 마음이 다급한 나머지 페이퍼를 끝내고 제본 과정에서 구멍을 왼쪽을 뚫고 제본해야 하는데 그만 오른쪽을 뚫은 것이다.

당황해하는 나에게,

"나도 학교 다닐 때 지금같이 구멍 잘못 뚫은 적이 있었어. 이해해. 나도 그때 난감했었지...."

다시 왼쪽에 구멍을 뚫어 서둘러 제본을 마치고 교수에게 건네자 뜬금없이 차 한잔하자며 앞장선다. 커피 마시며 꺼낸 교수의 첫마디는,

"이 텀 페이퍼를 읽어보지 않은 채 당신 학점은 B 마이너스로 결정하였어. 당신과 헤어지고 잠깐 퀵 리뷰(quick review)를 하고 아주 잘 되었다면 한 단계 올려 B, 그러나 아무리 엉망이어도 당신의 B 마이너스를 해치지는(hurt) 않을 것이니 염려 말게."

천사의 목소리가 이보다 아름다울 수 있을까?

"실은 지난주 도서관에 와서 페이퍼 쓰는 모습을 보았어. 내가 온 줄도 모르고 열중하고 있더군. 그 정신력(sprit)은 어디서 나온 것일까 생각했었어."

악마 같았던 교수 얼굴은 어느새 인자한 이웃집 아저씨 표정으로 바뀌어 있었다. 드디어 해냈구나. 힘들었던 이번 학기가 주마등처럼 스쳐 지나갔다. 집에 가는 발걸음이 가벼웠다. 적막한 캠퍼스는 너무 아름다웠다. 패기(Peggy) 말대로 이제부터라도 초여름의 정취를 즐겨야겠다.

정신력? 한국 유학생에게는 물러설 수 없는 마지노선이 있다. 목표하였던 학위를 따야만 한국에 돌아갈 수 있다. 공부! 미국 학생들에게는 선택하였다 중간에 그만둘 수도 있는 잡(job)인지 모르겠지만 우리에게는 한 번 선택하면 그만둘 수 없는 잡(job)이기 때문이다. 물러설 곳이 없음에서 나온 정신력과 투지. 게다가 우리 민족 특유의 은근과 끈기가 더해지니 미국 사람의 눈에는 전사(戰士)로 비추어진 것일까?

몰리(Molly)는 그 학기를 끝으로 더 이상 볼 수 없었다. 처음 선택한 과목에 어지간히 질렸나 보다. 매 학기 초가 되면 혹시 몰리(Molly)를 다시 볼 수 있지 않을까 두리번거렸지만 끝내 다시 볼 수 없었다. 그런데 학기 초에는 몰리(Molly)가 상당한 미인이라고 한 번도 생각한 적이 없었을 만큼 마음의 여유가 없었던 것 같아 지금 생각해 보아도 웃음만 나온다.

EPISODE

호프(Hope)

어릴 때 일본말과 한국말이 뒤섞여 모국어인 한국말이 서툴러 영어를 받아들이는 데 어려움이 있었다는 핑계를 대지만 그걸 감안하더라도 그 이유만은 아니게 영어는 늘지 않았다. 나는 소위 미국 사람들이 즐기는 스몰토크(small talk: 수다)는 아예 할 생각도 못한다. 아내는 언어 감각이 매우 뛰어나 스몰토크를 잘한다. 잘하는 정도가 아니라 오히려 미국 사람을 능가할 정도다. 큰아들 베이비시터 여고생과 친해져 우리가 수업 끝나 집에 가면 마이클(Michael: 큰아들 가톨릭 세례명인 미카엘의 영어 발음으로 부른 영어 이름)이 오늘 어떻게 지냈냐, 뭘 먹었냐 등 수다를 시작으로 끝없이 이어간다.

'여자들 수다는 동서양 막론하고 같구먼' 하면서도 속으로는 부러웠다. 여고생 베이비시터와는 계속 인연이 이어져 우리 유학 생활 3년 내내 마이클을 돌보아 주었다. 이름은 '호프(Hope)', 야생동물을 좋아해 대학 전공도 그런 방향으로 정하였고 졸업 후 국립공원에서 일하기를 원하는 예쁜 여고생이었다. 아내와는 나이와 피부색을 넘어 절친이 되었고 호프는 한국 음식, 문화에 푹 빠져 우리 집 모든 것을 신기해하며 베이비시팅과 관계없이 자주 놀러 오는 사이가 되었다.

우리 부부가 졸업이 다가오며 바빠질 때 호프도 고3이 되며 대학 진학을 앞

두고 바빠졌다. 그러자 호프 엄마, 오빠까지 동원되어 마이클을 돌보아 주었다. 남자인 호프 오빠가 무슨 베이비시터를 하냐 싶겠지만 마이클이 어느덧 2살이 넘자 밖에서 놀기 좋아하는 나이가 되었다. 오빠랑 아파트 놀이터에서 달리기, 공받기, 그네타기, 시소놀이... 마이클이 너무 좋아하며 잘 따랐다. 믿을 수 있고 사랑으로 마이클을 돌보아 주는 좋은 이웃을 만나 우린 맘 놓고 공부에 몰두할 수 있었다.

어느 날 호프는 우리 사진 앨범을 보면서 나와 찍은 마리오(Mario) 사진을 보았다. 의외로 급 관심을 보였다. 마리오(Mario)는 졸업했을 나이에 대학 1학년부터 다니는 에콰도르 유학생이었다. 유유상종이라고 같은 유학생 처지라 가깝게 지냈다. 그런데 알고 보니 학교에서 유명한 플레이보이였다. 마리오(Mario)는 자긴 외로워서 여친을 사귀었고, 그러다 헤어져 어쩔 수 없이 다른 여친을 찾게 된 것뿐이지 절대 플레이보이가 아니라고 항변한다. 어쨌든 마리오(Mario) 옆에는 늘 새로운 여친이 있었다. 약간 까무잡잡한 이국적인 얼굴, 늘씬한 체격에 남미 출신답게 낙천적인 성격까지 갖추어 내가 보아도 매력이 넘쳤다.

며칠 뒤 호프(Hope)는 친구를 데리고 왔다. 둘은 마리오(Mario) 사진을 보고 또 보며 수다 떨고, 깔깔 웃고... 한참을 그러더니 호프(Hope)는 나에게 소개를 부탁하는 것이 아닌가. 얌전하고 순진한 여고생으로만 알았는데 맘에 드는 남자를 보자 적극성을 보이는 전형적인 미국 틴-에이저였다.

EPISODE

한국에 온 후에도 아내는 호프와 편지를 주고받았다. 1988년 서울 올림픽 때 우리가 초청하였고, 오고 싶다며 마이클이 얼마나 컸는지 궁금하다는 편지 주고받은 후 어찌하다 소식이 끊어지고 말았다. 요즘같이 통신이 발달하였더라면 평생 좋은 사이로 이어졌을 텐데 하는 아쉬움이 있다. 호프는 어디 있을까? 어딘가에서 예쁘게 잘살고 있겠지. 방탄소년단, 기생충, 오징어게임 뉴스를 들을 때면 마이클 생각을 할까? 마이클의 파트-타임 마더(part-time mother)라며 마이클을 무척 예뻐해 주었는데... 그런 마이클이 어느덧 마흔이 넘은 두 아기의 아빠라니!

호프

3. 지도교수

나는 늘 '혼자'임이 팔자인가 보다. 일본 유치원에서는 유일한 한국 아이(그땐 몰랐지만), 한국 유치원에선 한국말 못하는 쪽발이, 미국에 오니 각 클래스에서 유일한 영어 서툰 외국 유학생. 아무튼 이런 희소성으로 나는 수업에서 손만 들면 우선 지명 당하는 특혜를 누렸고 동료 수강생들도 그 정도는 당연하다고 너그럽게 넘어가 주었다. 리포트 점수도 상대적으로 후하게 평가하였을 것이라고 생각된다. 거기까지였다.

그런데 한 꺼풀 뒤집어 보니 '너그러움'이 아닌 '무관심'이라는 것을 알기까지 그리 오랜 시간이 걸리지 않았다. 백인 우월주의의 관용이라면 열등감에서 나온 나만의 생각일까?

"쟤? 어디서 왔다고 하더라... 쟤는 저러고도 졸업하는 거야?"

"적당히 졸업시켜 주겠지... 우린 상관할 거 없잖아."

이런 이야기를 주고받고 있다는 열등감에 빠지기 시작하였다.

내가 손을 들면 약속대로 교수는 나를 지명하여 내게 발언권을 주었으나 내 발언이 끝나면 다른 학생들은 자기가 지명되길 바라며 손을 들기 바빴고 내 발언에는 아무도 관심을 기울이지 않았다. 나 역시 수업에 참여하였다는 의미뿐 전체 흐름에는 동떨어진 의견일 때도 있었고 서툰 말에 발음까지 좋지 않으니 나의 한계가 여기까지구나 하며 적당히 넘어갈 수밖에 없었다.

그때 심정으로는 이렇게 해서라도 적당히 졸업하고 싶었다. 한국 돌아갈 때 중요한 것은 졸업장일 뿐 나의 실질적인 실력 향상은 두 번째였기 때문이다. 더구나 경영학 석사(MBA)과정은 조직에서 의사결정(decision making)에 관한 실전 코스이기에 더욱 눈에 보이는 실력 향상이 있을 수 없다. MBA 과정을 마쳤다고 의사결정을 잘하는 것도 아니고 MBA 공부를 하지 않았다고 의사결정을 못하는 것은 아니기에 내가 어떻게 수업을 참여하며 학위를 땄는지는 나만의 비밀로 하고 적당히 넘어가고 싶었다.

그런데 뜻밖에 제동이 걸렸다. 지도교수와의 갈등이 생겼다. 매 학기 지도교수와 상의하여 이번 학기 수강할 코스를 정하는데 여간 빡빡한 게 아니다. '3과목 이상은 네 수준에 무리'라며 3과목만 수강 신청할 것을 권한다. 게다가 3과목 중 1과목은 언더(대학과정)과목을 이수하라는 주문이다. MBA 과정은 일반 대학원과정과 달리 이수 과목이 많다. 린츠버그 대학원도 20과목을 이수해야 한다. 그러니 이 걸음으로 나갔다간 4년이 넘을지도 모르니 나로서는 비상이 걸렸다. 한국에 돌아가는 일정 때문에 곤란하다고 읍소해도 전혀 통하지 않았다. 2~3학기를 그렇게 보내고 도저히 한국 돌아갈 일정을 고려하면 이대로 나갈 수 없었다. 지도교수와 담판을 지으려고 디-데이를 잡았다. 결과적으로 다음 두 마디로 나의 패배였다.

"너는 잡(job)을 잘못 선택한 것 같다."

"너는 각 과목에서 페이버(favor)를 받는 거로 알고 있는데."

'job'이란 말이 머리에서 맴맴 돌았다. 맞다! 내가 선택한 유학길이고 MBA 코스였다. 그런데 내 개인 사정을 하소연하였다. 그러려면 다른 길을 선택했어야 하는데 말이다. 그리고 이미 너는 과목마다 특혜를 받으며 겨우겨우 마치는 주제에 3과목 이상 4~5과목을 듣게 해 달라니 허락할 수 없다는 단호한 태도였다.

외로움이 몰려왔다. 사랑하는 아내와 아들, 한국에 계신 부모님, 형제, 친구들 그 누구도 내게 도움을 줄 수가 없었다. 인생은 외롭고 혼자 가는 길이라는 말은 들었지만, 이 난관을 헤쳐 나가는 것은 오롯이 나 혼자의 몫이다. 벌판에 혼자 내버려진 듯 외로움이 엄습하였다.

여름방학에도 서머 코스가 있었다. 6월 초부터 7월 중순까지이므로 서머 코스를 마쳐도 6주의 달콤한 휴가가 있어 나는 매 여름 서머 코스를 신청하곤 하였다. 지도교수와 밀당으로 한 학기라도 빨리 졸업하려면 서머 코스를 들을 수밖에 없는 현실적인 이유도 있었다.

마침 제공되는 코스를 보니 지도교수 과목이 있었다. 한국 사람 특유의 오기로 지도교수 코스를 택하여 정면 승부하기로 결심하였다. 동료 수강생들에게는 인정받지 못하더라도 지도교수에게만이라도 인정받고 졸업하고 싶었다. 지도교수는 언제나 그랬듯 해낼 수 있겠냐며 우려 섞인 표정으로 마지못해 허락해 주었다. 그런데 지도교수 과목은 요구하는 시험, 페이퍼 등은 여느 과목과 같이 많았지만 최고로 높은 점수가 걸려있는 과제는 텀 페이퍼였다. 각자 소규모 사업, 즉 스몰비지니스(small business)를 창업하는 사업계획서를 작성하는 텀 페이퍼였다.

이거다! 하는 생각이 스쳤다.

지도교수가 모르는 한국 유학생들의 강점이 있었다. 한국 유학생들은 일반적으로 시험은 아주 잘 보고, 리포트도 곧잘 쓴다. 그러나 토론, 발표는 빵점이라 평한다. 그런데 미국 사람들은 스피킹으로 그 사람의 여러 가지를 평가하곤 한다. 말을 논리적으로 잘하면 똑똑한 사람으로, 말을 못하면 아는 것이 없는 사람이란 단순 논리를 편다. 한국 유학생들이 평가 절하당하는 이유이기도 하다. 나 역시 말을 못하니 아는 것도 별로이고 그러니 매 학기 언더 과목 하나 포함하여 3과목만 들으라는 요구에 꼼짝 못하고 당하고 있었다.

리튼(written)이면 해볼 만하다. 더구나 유학하기 전 첫 직장이었던 대기업 기획실에서 3년 근무하면서 사업계획서를 작성해본 경험이 몇 번 있기에 내심 자신 있었다. 지도교수 과목에 올인(all-in)하였다. 그러니까 사업을 시작하기 전 미리 검토해야 할 체크리스트부터 일목요연하게 정리하였다. 한국 대기업에서 그 까다로운 대한민국 정부에 제출하는 사업계획서를 모델로 삼았으니 형식은 완벽에 가까웠다. 그다음 내용은 질(質)보다 양(量)으로 때웠다. 100페이지 가까운 텀-페이퍼를 작성하였다. 다른 수강생들은 20~30페이지, 많아 보았자 50페이지 정도로 제출하는

데 100페이지짜리 두툼한 텀 페이퍼를 작성하였다.

사업계획서의 주요 포인트는 '과정'이다. 의사결정을 내리기 전에 무엇 무엇을 고려하였다는 점이 무척 중요하다. 따라서 여러 가능성 있는 안(案: alternative)을 정하고 그중 2~3개로 압축한 과정, 2~3안 중 최종 결정을 내리기 위하여 각각 안의 장단점(pros and cons)을 고려한 과정 등을 일목요연하게 정리하였다. 한 마디로 스몰비지니스 창업을 위하여 사전 조사를 철저히 하였고, 창업 예정인 가게 특성을 고려한 체크 포인트를 설정하여 다각도로 검토한 사업계획서를 작성한 것이다.

이웃 타운인 로아노크(Roanoke)*에 도넛 가게가 없다는 것에 착안하여 로아노크에 도넛 프랜차이즈 가게로 스몰비즈니스를 시작하는 리포트를

---

* **로아노크**(Roanoke)

내가 살던 린츠버그에서 남서쪽으로 1시간 30분 정도 드라이브하면 만날 수 있는 미국 남부의 자그마한 도시이다. 스몰비즈니스 창업에 관한 텀 페이퍼를 준비하면서 로아노크에 정착한 교포분을 만나 이야기 들어 보니 우리나라와 인연이 상당히 있는 도시였다. 로아노크 카운티(Roanoke County) 안의 세일럼(Salem)에 있는 로아노크 컬리지(Roanoke College)는 구한말(舊韓末) 한국 학생 몇이 다녔던 학교라는 것이다. 1897년은 고종이 대한제국을 선포하면서 조선은 중국의 속국이 아닌 당당한 독립 국가임을 알렸던 해이다. 그 해 이강 의화군은 미국으로 갔다. 의화군은 의친왕으로 책봉된 고종의 아들 중 한 명으로 적자(嫡子)는 아니지만 영친왕을 제치고 순종의 후계자로 떠올랐다. 그러나 반일 의식이 있다고 판단한 일본에 의해 미국에서 망명 생활하였다고 알려졌다.

같은 시기에 배재학당 및 연희전문을 설립한 언더우드 목사의 후원을 받은 김규식은 의화군과 같이 로아노크 컬리지에 재학하였으며 김규식은 졸업하였으나 의화군은 졸업은 하지 않고 전학하였다고 전해진다. 김규식은 후에 국무위원, 부주석 등 대한민국임시정부의 요인으로 주로 해외에서 독립운동을 한 사람이다. 또 한 명은 구한말 관료였던 서광범으로 갑신정변을 주도하였으나 개혁이 실패로 돌아가자 일본 망명 후 미국으로 건너갔다. 로아노크 컬리지와는 재학생으로서가 아니라 주미 조선공사 시절 로아노크 칼리지에서 명예법학석사 학위를 수여 받은 인연이 있다. 이런 인연으로 19세기 말부터 1920년대까지 30여 명의 조선 유학생이 수학하였다고 알려졌다.

작성하였다. 스몰비즈니스의 승패는 장소(목)에 달려있다는 점을 강조하며 특히 로케이션(location)에 많은 지면을 할애하였다. 장소를 2~3곳으로 압축하는 과정과 각각 장소의 장단점을 고려하는 과정을 자세하게 설명하였다. 그리고 최종 후보지를 낙점하였다. 1시간 30분 걸리는 로아노크에 3번이나 가서 후보지를 물색하고 2~3곳의 후보지와 최종적으로 결정한 후보지의 사진도 찍어 첨부하였다. 손들고 발언하고 토론하고 때론 논리 싸움을 해야 하는 클래스를 벗어나 발로 뛰며 몸으로 때우고, 시간 두고 페이퍼를 작성하니 오래간만에 해볼 만한 코스를 만난 듯하여 정말로 혼을 다해 올인하였다.

학기는 끝나고 달콤한 여름휴가가 기다리고 있었다. 누나가 살고 있는 텍사스 달라스에 가서 황무지와 사막을 한없이 달리며 미국의 광활함을 온몸으로 느꼈다. 미친 듯이 뭔가에 몰두하고 끝내고 미친 듯이 놀고... 적성에 맞는 듯하였다. 석유를 일부러 파내지 않고 옆에 땅으로 넘어가지 않도록 하는 장치가 인상적이었다. 한마디로 부러웠다. 텍사스에서 가장 인상 깊었던 것은 기차였다. 황무지 벌판을 달리다 보면 어쩌다 기차를 만난다. 그런데 기차의 길이가 수 km에 달하였다. 컨테이너를 실은 객차의 수가 백, 2백 단위가 아닌 천 단위인 듯하다. 건널목에서 잘못 만나면 통과하는데 20~30분은 걸리니 모두 "하이!"하고 인사하며 차 시동 끄고 사진 찍기 바쁘다. 정말 장관이었다. 중간중간 디젤기관차가 있어 처음에는 같이 끌지만 갈림길에서는 하나둘 떨어져 각자의 목적지로 가도록 미리 연결해 둔 것이다. 또 하나 기억에 남는 것은 스테이크가 정말 크다. '카우보이', '카우 걸'이란 스테이크를 시키면 몇 g인지 지금은 기억 안 나지만 아무튼 엄청나게 컸던 기억이 있다. 미국에서 '텍사스 사람 같다'란 단어는 통이 크며 이에 걸맞게 체격도 크고, 많이 먹고, 힘도 세다는 의미로 통용될 정도다.

꿈같은 휴식을 끝내고 린츠버그로 돌아왔다. 이번 가을 학기에는 어떤 일이 벌어질까? 매 학기가 모험 가득 찬 도전이니 겁도 나지만 조금 짬이 생기자 기대도 되었다. 정말이지 기초 마케팅 코스가 엄청 힘이 되었다. 그 코스도 해냈는데 어떤 코스인들 못 하랴! 미국 수강생들도 비슷한 이야기를 한다. 이것도 학교 정책인가 싶게 1~2코스 그것도 기초 코스로 수강생들을 우리말로 군기 잡는 코스를 정한 것 같았다. 텍사스에서 노는 재미가 붙는 바람에 가을 학기 신청 마감 날 여행에서 돌아와 오후에 수강 신청하러 학교에 갔다.

수강 신청하는 줄이 어찌나 긴지 한숨이 휴~ 나왔다. 마지막 날 오후에 다들 몰려오다니... 미국 학생들도 똑같다고 생각하며 맨 뒤로 줄을 섰다. 나는 늘 지도교수와 밀당하느라 첫날부터 찾아가 몇 번 만에 통과하곤 하여 마지막 날 오후에 온 적은 없었다. 후딱 수강 신청하고 가족과 같이 저녁 먹을 계획은 무산되나 싶을 때 지도교수 비서가 멀리서 나를 발견하곤 오라고 손짓 하였다. 그러고는 다음 차례를 기다리는 학생에게 나를 가리키며 대학원 학생이므로 학교 규칙에 의해 먼저 교수를 볼 수 있으니 양해하라는 말을 하였다. 그래도 나는 미안하였다. 1시간 넘게 기다렸을 텐데....

내 차례가 되어 방문을 열고 들어가자 지도교수는 환하게 웃으며 악수를 청한다. 얼떨결에 악수하자 한술 더 떠 옆 소파에 앉으라는 것이 아닌가. 순간 여태 기다리다 나에게 순서를 뺏긴 뒤 학생이 신경 쓰였다. 게다가 차 한잔하자는 말에는 뒤에 수십 명이 기다릴 텐데 하는 한국식 걱정이 앞섰다.

그런데 갑자기 이 양반이 왜 나에게 급 친절 모드로 돌아선 걸까? 커피가 들어오자 교수는 서머코스 텀 페이퍼가 아주 인상적이었다며 칭찬을 하였다. 아, 그거였구나! 이제야 휴가에서 놀았던 머리가 학교 모드로 돌아오며 여름학기 심혈을 기울인 텀 페이퍼가 생각났다. 메일 박스를 통해 학점이 통보되었는데 미처 확인도 하지 않은 채 수강 신청부터 하러 온 것이었다.

지도교수는 계속 말을 이어가는데 나는 자꾸 밖이 신경 쓰였다. 마음속으로 내가 새치기한 것도 아니고 내가 커피 마시자고 한 것도 아닌데 내가 왜 신경을 써야 하나 하며 마음을 다스려보려고 해도 잘 안되었다. 나만의 문제인가? 아니면 한국 사람의 한계인가?

지도교수는,

“내가 A 학점을 준 이 학교 최초의 학생이 당신이야. A 마이너스는 가끔 있었는데 내 평생 A 플러스는 한 번도 없었고 이 학교 오기 전에 A를 딱 한 번 그리고 당신이 2번째. 그러니까 이 학교에서는 첫 번째인 셈이지.”

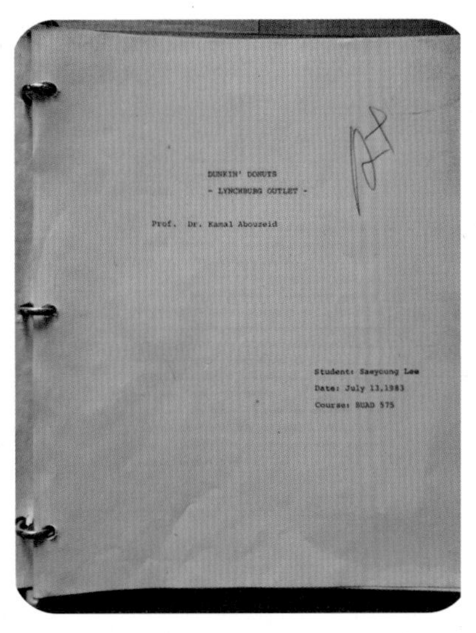
DUNKIN' DONUTS
- LYNCHBURG OUTLET -

Prof. Dr. Kamal Abouzeid

Student: Saeyoung Lee
Date: July 13,1983
Course: BUAD 575

텀 페이퍼는 A 플러스였으나
여러 가지를 종합한 최종점수는 A였다.

두 번째 듣는 천사의 음성이었다.

동시에 미국 사람들의 무서움을 깨닫는 순간이기도 하였다. 2년 동안 핍박을 주며 나와 전혀 개인적인 이야기를 나누지 않은 지도교수였다. 인정할 수 있는 단계까지 내가 스스로 오지 못하면 나를 언제든 버릴 학생으로 개인적인 관계를 철저히 차단하였다. 본인 코스에서 인상 깊은 텀 페이퍼로 인해 나를 인정해주며 처음으로 개인적인 대화를 시작하는 것이다. 더 놀란 것은 나에 대해 기본적인 것은 알고 있었다. 아내가 대학원에서 교육학 석사과정을 공부하고 있다고 들었는데 몇 학기째냐, 잘 되고 있느냐, 아이는 몇 살이냐 등등.

그리고 얘기를 이어 갔다. 이 학교 대학원 끝나면 계속 다른 학교에서 박사까지 할 것인가? 한국에 돌아갈 것인가? 한국에 가면 무엇을 할 거냐? 혹 DBA(Doctor of Business Administration)코스 공부 더 할 생각 없냐? 있으면 내게 얘기하여라. 우선 뭐 내가 도와 줄 거 없느냐? 너무 급변한 지도교수의 환대로 나는 얼떨떨하여 빨리 수강신청 마치고 나갔으면 하는 마음뿐이었다. 그냥 혼자 있고 싶었다.

지도교수와 길고 지루하였던 2년여의 밀당이 끝나는 순간이었다. 지도교수에게 인정받았으니 졸업은 그럭저럭 하겠구나 하고 원초적인 안도감이 몰려왔다. 이렇게 린츠버그 대학의 늦깎이 대학원 생활은 서서히 막을 내리고 있었다. 백일 막 지난 큰아들을 들쳐 업고 낯선 미국 땅에서 이만하면 잘 버티었다는 생각이 밀려왔다. 우리 부부 모두 원하는 공부를 할 수 있었고 백일짜리 아들은 어느새 3살이 되면서 내가 한국식 영어 발음을 하면 낭랑한 본토 발음으로 교정해주며 재롱을 피웠다.

"맥도날드 가서 햄버거나 먹을까?"

"Daddy NO~, 맥도^널드"

너희 방을 쳐다보다가

2013년 5월 결혼 후 3년간 같이 살다 분가(分家)하여 나가는 큰아들 내외에게 나가서 잘 살라는 의미를 담아 큰며느리에게 편지 형식으로 몇 자 적어본 것이다.

너희 방을 쳐다보다가

맏며느리에게

결혼해서 낯선 집에 와서 짧지 않은 3년을 재미있게 잘 보낸 며느리에게 고맙다는 말부터 하고 싶다. 처음에 같이 산다는 얘기가 나왔을 때 실은 반대했었어.

글쎄...

특별한 이유는 없었지만 얻는 것 보다 잃는 것이 더 많지 않을까 하는 염려에서였지.

그러다가 주위에서 "서로 배려하면서 지혜롭게 헤쳐 나가면 틀림없이 잃는 것 거의 없고 얻는 것은 많을 것"이라며 요즘 보기 드문 며느리 맞이하여 행복한 고민한다는 핀잔까지 들었지.

EPISODE

막상 같이 살면서도 자신 없었어, 처음에는. 그러다 내 특유의 정면 돌파 방법의 아이디어를 생각해냈지. 그게 바로 아침 출근 라이드였어. 나도 규칙적으로 운동하러 갈 수 있었고. 지금 생각해도 절묘한 아이디어라는 생각이 들어.

사실 새 며느리와 시아버지가 할 얘기가 뭐 있겠니? 연애 기간이 길었고 코스모피아 덕분에 다른 시아버지보다는 낯이 익숙한 사이지만, 결혼하면 오히려 공식적인 관계로 굳어져 의례적인 인사 외에는 더 어색해질 수도 있지.

그런데 출근길 20분, 길이 막혀 길어 보았자 30분.

이 시간 참 절묘했어. 너무 길면 그런데, 얘기 나누다 보면 어느덧 내릴 장소에 도착하여 아쉬움이 남는 그런 적당한 시간.

아무튼 참 많은 얘기 주고받은 기억이 나. 그날그날 정해진 주제 없이 생각나는 대로.

옛날 회사 다니던 얘기, 코스모피아 재개장 구상, 여행 갔다 온 얘기, 스쿠버 다이빙, 스카이다이빙 모험담, (엄마 흉) 등등

주로 내가 얘기를 많이 했지만 며느리도 간간이 회사 어려운 사정, 결혼과 직장 고민, 출산 계획, (남편 흉) 등등

EPISODE

그중 책 쓰는 과정 처음부터 책 출간까지의 나의 하소연에 대해 같이 분개해주고, 좌절했을 때 용기 심어주고, 책 나왔을 때 자기 일처럼 좋아해 주었던 모습이 기억나-다시 한번 고마워.

며느리와 수다로 아침을 시작한 행복한 시간이었어.

이제 새 둥지로 날아갔으니 전 만큼 수다는 떨 시간이 없겠지만, 그만큼 친해졌으니 어려운 일이 닥치면 편안하게 얘기해 오리라 믿는다.

어느 한가한 일요일, 종일 잠옷 차림으로 뭉개며 세수도 안 한 채 자유를 만끽해 봐, 둘만의 공간과 시간을.

새로운 자유가 온몸으로 느껴질 거야. 옛말 그대로 들어올 때는 몰랐는데 나간 자리는 크다더니 너희 빈방을 보니 쓸쓸한 생각이 들어, 새 삶을 찾아 나간 며느리, 아들에게 축하 메시지 겸해서 몇 자 적어보았어.

2013. 6. 20. 시아버지가

리버티 밥티스트 대학
(Liberty Baptist College)

1. 제리 포웰 (Jerry Falwell)

린츠버그에 있는 여러 대학 중 하나이다. 미국 지방 어디에나 있음 직한 그런 대학이었다. 1970년대 설립하였고 학교 이름이 말하여 주듯 침례교단에서 운영하며 신학대학 중심의 학생 수 3백 명 정도의 아주 조그마한 대학이었다. 그러다 제리 포웰 목사가 리버티 뱁티스트 대학교 총장으로 오면서 학교는 급성장하기 시작하였다. 1980년 로널드 레이건 대통령 시대가 개막하면서 보수 바람이 불기 시작하였고 미국의 도덕 재무장(moral rearmament)을 외치며 히피문화, 반전시위 그리고 마리화나로 찌든 사회를 개혁하자는 운동이 호응을 얻기 시작한 것이다. 제리 포웰은 레이건 정부와 뜻을 같이하며 미국 내 80년대 가장 영향력 있는 종교지도자로 부상하였다.

미국에서 학교를 키우는 방법은 간단하다. 돈이다. 풍부한 재정으로 좋은 교수를 모셔 오고 좋은 장학제도로 우수한 학생 모집하면 학교는 급성장을 할 수 있다. 그러면 돈은 어떻게 마련할까? 린츠버그 내에 위치한 토마스로드 뱁티스트 교회의 목사이기도 한 제리 포웰은 일요일 예배를 전국에 녹화중계를 시도하였다. 미국 3대 방송사 네트워크 시간 채널권을 예약하고 예배 장면을 녹화 방송한 것이다. 방송사 시간을 사는 비용이 적지 않으리라 짐작은 가지만 그보다 더 벌어들이면 된다는 단순 논리로 과감한 시도를 한 것 같았다.

나는 가톨릭이지만 '토마스로드 뱁티스트 교회'에 몇 번 가 보았다. 가톨릭, 침례교를 떠나 내가 사는 타운에 유명한 목사가 있다는 자체가 좋았고, 제리 포웰의 예배에 참석하기 위해 열성 지지자는 며칠 드라이브하고 오기도 하고 심지어는 비행기로 오기도 하는데 나는 바로 옆이니 안 갈 이유가 없었다. 무엇보다 궁금하기도 하였고.

예배 시간은 거의 3시간 넘게 걸렸다. 녹화하면서 소위 'NG'가 가끔 발생한다. 어디서부터 다시 해달라는 PD 주문에 필름이 거꾸로 돌아가듯 조금 전으로 돌아가 그 장면부터 녹화를 다시 시작하였다. 심지어 기도도 다시 하곤 하는데 아무도 어색해하지 않는다. 으레 있는 일이려니 하는 표정이다. 영상으로 불우한 환경에 처한 아이들을 보여주며 헌금을 걷고, 산속에 제대로 된 교회 건물이 없어 도와달라며 합창단을 이끌고

와 노래로 호소하기도 한다. 그러니 영상 준비, 합창단 출연을 위한 무대 준비 등 시간이 걸리고 출연자들이 긴장 탓에 NG 생기고 이래저래 시간이 오래 걸렸다.

이렇게 공을 들이고 완성도 있는 편집으로 제리 포웰의 예배는 3대 방송사의 전국 네트워크를 통하여 미 전역에 전달되었다. 지금 생각하면 아날로그 시대 유튜버인 셈이다. 아무튼 이 전략은 대성공을 거두며 그의 명성은 시너지(synergy) 효과를 내면서 더욱 유명해졌다. 제리 포웰의 예배는 헌금을 여러 번 하는 것으로 유명하다. 거의 10번 정도 헌금을 하는데 매번 지갑을 열 수는 없어 약간의 스트레스를 받는다. 열성 지지자들도 체크(개인 수표)를 2~3장만 갖고 간다고 한다. '오른손이 하는 좋은 일을 왼손이 모르게 하라. 단 국세청(IRS)은 알게 하라'는 재미있는 이야기가 있다. 개인 수표로 헌금을 하여 연말 정산에 세금 혜택을 보라는 의미이다. 그러니 아예 체크를 2~3장만 갖고 가 결정적일 때만 쓰도록 하는 전략을 세운다는 농담 반 진담 반 이야기를 한다. 아무튼 미 전역에서 추종자들이 늘어났고, 헌금액도 날로 늘어났다.

나는 영어로 들으니 감정 전달까지 되지는 않아 오히려 편안한데 미국 사람들은 어찌나 기획, 연출을 잘하고 기도가 마음을 움직이게 하는지 지갑을 열지 않고는 그냥 넘어갈 수가 없다고 푸념한다. 이번엔 헌금 안 하고 넘어가도 다음 헌금 때 어찌나 호소력 있게 마음을 파고드는지 어쩔 수 없다는 하소연이다. 토마스로드 뱁티스트 교회는 요즘 시대와 비슷하게 off-line(실제 교회 신도) 그리고 on-line(전국에서 방송을 본 신자) 신자가 늘었고 제리 포웰의 지명도는 날로 올라가게 되었다.

각 매스컴에서는 제리 포웰의 성공 사례를 소개하며 성공할 수밖에 없는 이유 등을 앞다투어 다룰 만큼 화제가 되었다. 모든 면이 범상하지 않은 독특한 카리스마가 있는 목사였지만 대중에게 일차적으로 다가가는 것은 그의 목소리라는 평이었다. 마음을 파고드는 목소리에 뛰어난 언변으로 사람 마음을 사로잡는다는 것이다. 요즘 인기 끄는 UFC 격투기에 부루스 버퍼라는 최고 인기의 링 아나운서가 있다. 선수 소개 시 차분하게 시작하다가 점점 목소리 톤을 높이며 마지막에는 격정적으로 토하듯 선수를 호명하며 분위기를 고조시킨다. 어디서 본 듯한 장면인데 하다보니 제리 포웰에게는 실례가 되는 비유인지 몰라도 목소리와 연출력이 비슷하다는 느낌을 받았다.

이렇게 조성된 펀드로 리버티 뱁티스트 대학은 부지를 사들이고 건물을 세우고 전공학과를 늘리고 1980년 중반에 가장 빠르게 성장하는 학교로 전 미국에서 주목받게 되었다. 2010년에는 50,000명 학생의 종합대학(University)으로 발전하였다는 기사를 본 적이 있다. 지금은 더 규모가 큰 유명 대학으로 발전하였겠다고 생각된다.

"너희는 내가 요구하는 규범에 맞추어 공부만 열중하여라. 학비는 걱정하지 마라. 돈은 내가 벌어 오마." 제리 포웰 총장이 학생들에게 주는 메시지였다. 간단하지만 강력하였다. 학생들에게 엄격한 규율을 요구하였지만 풍부한 재정으로 장학금은 어느 대학보다 잘 되어있다고 하였다. 100% 기숙사 생활하며 복장도 남학생은 바지에 와이셔츠로, 여학생은 스커트에 블라우스로 단정하게 입어야 하였다. 그리고 교문을 나설 때는 남녀 동수가 나갈 수 없다. 즉, 남학생 2명과 여학생 1명, 아니면 그 반대는 통과할 수 있으나 예를 들어 남학생 2명, 여학생 각 2명이 같이 외출하려면 교문에서 제지하였다. 그 외에도 우리 대학 시절 장발 단속처럼 남학생 두발, 여학생 치마 길이 등 단속을 하였고 기숙사 생활도 통금은 물론 생활 규칙이 까다로웠다고 한다. 돈의 힘은 무서웠다. 장학제도와 학자금 장기 대여 시스템으로 거의 학비 걱정 없이 학교에 다니니 학생들도 불만을 감수하고 따를 수밖에 없었다. 들리는 얘기로는 4년 그런 생활을 하다 보면 어느덧 그 체제에 빠져 충실한 침례교인이 되기도 하고 올바른 생각과 사회 규범에 앞장서는 젊은이로 다시 태어난다는 것이다. 그러나 본인의 선택이 아닌 타의(他意)에 의하여 다시 태어난 삶이 과연 행복할까 하는 생각이 든다. 올바른 규범과 자유는 영원히 양립할 수 없는 상반되는 개념일까?

한국의 기독교는 80년대 초에 이미 전 세계에서 주목받기 시작하였다. 단시간 내 가장 빠르게 기독교가 정착하고 성장한 나라로 꼽혔으며,

신자 수도 많았고 전 세계 대형 교회 탑 파이브(top five)중 4개가 한국 교회라는 통계가 있었을 정도였다. 리버티 뱁티스트 대학에서 한국을 주목하며 한국 유학생을 좋은 조건으로 받아들이기 시작하였다. 주로 목사들이 대상이었다. 교파는 다양하였지만 리버티 뱁티스트 대학은 뱁티스트 중 가장 보수적인 근원주의자(fundamentalist) 학교답게 성서 중심의 교육과정은 철저하다고 알려졌다. 따라서 성서를 확실하게 공부할 수 있고 무엇보다 장학제도가 좋았기 때문에 교파를 초월하여 한국 목사의 유학이 이어졌다. 거의 목사 혼자 왔으므로 김치와 밥을 그리워하였다. 우리는 가정을 꾸려 지내고 있었기 때문에 없는 살림이지만 가끔 아파트에 초대하여 밥에 불고기 그리고 김치를 대접하면 너무나 고마워하였다. 나는 평생 만날 목사 여기서 다 만났다고 농담 삼아 이야기하곤 하였다. 그중 한 목사는 고등학교 선배로 후에 모교인 서울고등학교 기독모임동아리의 정신적인 지주로 다시 인연이 이어지기도 하였다.

EPISODE

프랭크(Frank) vs 닥터 슈미트(Dr. Schmitt)

프랭크는 린츠버그 대학 MBA 코스에서 만난 수강생 중 하나이다. 나와는 '수리적인 접근으로 내린 의사결정(Decision making by Quantitative approach)' 과목을 같이 들었다. 100% 케이스 스터디로 진행되며 2~4명 정도 자유롭게 팀을 이루고 케이스 스터디 리포트와 발표를 하는 MBA 전형적인 코스였다. 각자 자유롭게 팀을 짜다 보면 꼭 팀에 끼지 못하는 몇 명이 생긴다. 나는 늘 혼자였고, 팀을 찾지 못한 프랭크와 '또 한 명'(이름은 기억나지 않는다)과 함께 3명은 한 팀이 되었다. 우리 시대 용어로 깍두기끼리 한 팀을 이룬 것이다. 그런데 이런 깍두기 팀이 의외로 대박친다.

한국 학생이 미국에서 유일하게 큰소리치는 분야가 있다면 단연 수학이고 나 역시 어느 정도 자신 있었다. 한국 학생이 꼭 수학 실력이 뛰어난 건 아니고 미국의 전반적인 수학 수준이 낮았기에 상대적으로 돋보인 것뿐이다. 그 과목은 수리적인 접근을 해서 1차 결정을 보고 여러 상황을 고려하여 최종 의사결정을 하는 코스였다. 그러니 무엇보다 수리적인 접근이 선행되어야 한다.

프랭크는 각 케이스의 요점정리 및 핵심을 집어내는데 귀신이었고, '또 한 명'은 문장력과 타이핑의 달인이었다. 우리 셋은 미팅 때 아예 리포트까지 완성하였다. 프랭크가 전체를 브리핑하면 내가 뒤이어 수리 분석에 의한 1차 의사결정을 하고, 이어 다 같이 수리적인 접근 외의 여러 요인을 감안한 최종 결정을 내리고 그동안 '또 한 명'은 포터블 타이프라이터로 리포트를 완성하고 이런 식으로 일사천리로 진행하였다. 나와 '또 한 명'은 프랭크의 요점정리와 미팅 메모 그 자체가 리포트라며 놀라고, 프랭크와 '또 한 명'은 나의 수리 분석에 놀라고, 나와 프랭크는 우리와 토론을 하면서 한편으로는 양손으로 타이핑하는 '또 한 명'에 놀라고... 우리는 환상의 팀이었다.

우리 팀은 교수로부터 프레젠테이션 하라는 지명을 여러 번 받았다. 리포트가 잘 되었기 때문이다. 내가 수리 분석을 발표하면 다들 뭔 소리인가 하는 눈으로 나를 쳐다보았다. 선형회귀분석(linear regression analysis), 지수함수(exponential curve)를 이용한 신상품의 점증(漸增)하는 초기수요분석, 통계의 기초인 노멀 디스트리뷰션(normal distribution), 오차범위, 신뢰구간 등을 설명하면 다른 세상 이야기로 듣곤 하였다. 영어가 딸려도 내가 확실하게 아는 것은 어떻게 하던 설명이 가능하다는 것도 알게 되었다. 린츠버그 대학 MBA 코스 중 가장 재미있게 공부한 과목으로 기억된다.

그런데 프랭크는 알고 보니 리버티 뱁티스트 대학의 신학대학(seminary school) 학장이었다. 가방끈이 긴 사람이라는 것은 여러 가지를 통하여 감으로 짐작은 하였지만, 그 정도일 줄은 몰랐다. 그러니까 그 학교에서 가장 중요

EPISODE

시하는 신학을 총괄하는 학장이다. 제리 포웰은 외부 활동으로 거의 학교를 비울 수밖에 없어 모든 전권을 프랭크에게 맡겼으니 가장 빠르게 성장하는 대학의 실세며 2인자였다. 나날이 규모가 커지는 학교를 운영하려면 비즈니스 마인드와 경영의 이론적인 배경이 있어야 한다며 우리 학교 MBA 코스를 두드린 것이다.

프랭크는 한국에서 온 목사들에게는 하늘 같은 존재였다. 인품이 뛰어나 인간적으로 존경스러울 뿐만 아니라 명쾌한 성서 해설로 학문적으로도 대단히 존경받는 분이었다. 내가 프랭크와 친구 사이라고 하면 "어떻게 감히" 그리고 "와! 부럽다"는 눈길이 유학생 목사들 사이에서 교차하곤 하였다. 목사들은 꼭 '닥터 슈미트'라 칭하며 은연중에도 존경심을 보이곤 하였지만, 나에게는 수업을 같이 듣는 클래스메이트였고 실제로 우리는 스스럼없이 "프랭크", "세영" 하고 불렀던 친구 사이였다.

큰아들 마이클이 프랭크 딸과 같은 너서리 스쿨(nursery school) 다녀 아이 픽업 시간이 되면 자연스럽게 자주 만났다. 프랭크에게 당신을 '프랭크'라 부르는 가까운 사이라고 한국 목사에게 자랑한 이야기를 하자 물개박수를 치며 함박웃음을 터트린다. 권위 의식이라고는 찾아볼 수 없는 그저 사랑하는 딸내미 픽업 온 한 아이의 아빠였다.

EPISODE

프랭크는 코리아를 지도에서 찾아보고 자료도 보았다며 엄지척하며 하나같이 한국에서 유학 온 학생들의 우수함에 놀랐다는 얘기를 나에게 하곤 하였다. 그 후 리버티 뱁티스트 대학에서는 더 많은 한국 유학생을 정책적으로 받아들였다. 한국 유학생들을 좋은 조건으로 많이 유치하는데 나도 조금은 기여하여 뿌듯하였다.

너서리 스쿨(nursery school)

2. 풍선효과

제리 포웰의 성공 후 린츠버그는 미국에서 가장 안전하고 건전한 도시로 발전하였다. 무엇보다 술집을 모두 없앴다. 위스키와 칵테일을 파는 바(Bar), 젊은이들이 잘 가는 생맥줏집을 모두 사들여 책방 및 도서실로 바꾸었다. 그러자 린츠버그 대학생들은 주말이 되면 갈 곳이 없어져 멀리 원정 가서 술을 마시고 음주운전하다 적발되기도 하고 사고를 일으켜 문제가 되기 시작하였다. 이 문제를 학교에서는 긍정적으로 해결하여 아예 학교 내에서 술을 먹을 수 있는 분위기를 만들어 주었다. 물론 맥주로 한정하였지만 밖에 나가 사고 치지 말고 여기서 먹고 퍼지라는 무언의 의미였다.

그 후로 금요일만 되면 광란의 밤이 기다렸다. 우리 한국 사람들은 미국 사람 술 마시는 모습을 보며 우리처럼 화끈하게 원샷 하지 않고, 깨작거리며 마시는 것인지 아닌지 알 수 없다고 흉을 본다. 그런데 젊은 학생들이라 그런지 메가톤급으로 마신다. 1, 2학년은 100% 기숙사 생활이니 걱정 없고, 3, 4학년도 나가서 살아보아야 학교 주변 하숙 형태의 집에서 사니 약속이나 한 듯 주말이 되면 다 모여 광란의 밤을 펼친다.

생각다 못해 학교 측에서는 조용한 걸 원하는 학생 또는 공부하고 싶어 하는 학생은 메인 캠퍼스 안 기숙사로 우선 배정하고, 저 멀리 호수 건너에 있는 기숙사 3동에는 '놀자판'을 원하는 남학생을 집어넣었다. 그 당시 대학생 생활을 풍자한 〈애니멀 하우스(animal house)〉라는 영화에 소개된 용어를 픽업하여 학생들 모두 그 3동을 애니멀 하우스라 불렀다. 호수 건너 3동은 금요일만 되면 정말이지 먹고 마시는 놀자판이 벌어졌다. 80년대는 하드 록(hard rock), 헤비메탈(heavy metal)의 시대였다. 아직도 기억에 남아있는 워싱턴 DC의 요란한 음악 전문 라디오 방송이 있었다. 각자 가진 소형, 중형 오디오를 모두 그 채널에 맞추고 최대볼륨으로 틀어대니 난리도 아니다.

버지니아의 애팔래치안 산맥 기슭에 자리 잡은 학교, 그것도 전교생 2천 명의 자그마한 대학이 미 동부권 대학 중 파티 많은 대학으로 손꼽힐 정도였다. 내가 졸업하던 해인 1984년에는 여학생들도 애니멀 하우스에 들어가고 싶다고 건의하여 학교 측은 갑론을박하다 3개 동 중 한 개 동 1, 2층을 여학생 기숙사로 바꾸었다. 남녀가 같은 공간에서 생활하는 코-에듀(co-edu)를 마침내 보수적인 학교에서 받아들인 것이다. 시대의 흐름을 의식한 결정이라 생각되었지만, 한편으로는 리버티 뱁티스트 대학의 보수 바람이 마치 풍선효과와 같이 엉뚱하게 내가 다니던 대학의 반(反)보수주의 바람을 불러왔다.

실제로 린츠버그 주변의 자그마한 교회들과 학교들은 위기의식을 갖고 있었다. 로칼 교회는 나날이 신도들이 빠져나가고, 린츠버그대학을 비롯한 주위 학교는 나날이 발전하는 리버티 뱁티스트대학을 부러움 반

시기심 반의 시선으로 바라보고 있었다. 자연스럽게 반(反)제리 포웰, 반(反)리버티 뱁티스트대학 더 나아가 반(反)보수주의가 린츠버그 도시에 싹 트기 시작하였고 그 맨 앞에는 린츠버그대학이 있었다.

도서관에서 공부하다 보면 금요일 어둑어둑해질 즈음 저 멀리 음악 소리 특히 베이스음의 진동이 느껴진다. 나는 그 분위기에 직접 어울릴 수는 없지만 애니멀 하우스가 보이는 호수 건너에 앉아 뿜어대는 음악 소리를 들으며 맥주 한잔하였던 기억이 있다. 술 한잔하고 싶을 때 가는 장소 중 하나가 역설적으로 학교가 되었다. 알바로 식당에서 일하며 얼굴을 익힌 직원이 있으니 낯설지 않게 즐길 수 있었다. 미국에서 마이너리티(minority)로 산다는 건 늘 긴장의 연속이기에 편안함을 주는 장소가 있다면 그것만으로 최고였다.

린츠버그 유학 시절은 종교란 무엇일까를 생각하게 하였고 광란의 불금이 가끔 기억날 정도로 그리운 미국 생활의 한 장면이다.

EPISODE

플레이보이(Play Boy) vs 허슬러(Hustler)

'플레이보이(Play Boy)'

1980년대 젊은 사람들의 가치관은 간단명료하였다. '열심히 공부하여 좋은 직업(job)을 잡고 돈을 많이 벌겠다.' 다시 말해 사회 정의를 위하여 또는 억압받는 소수를 위하여가 아니라 오로지 자신의 물질적인 풍요를 위하여 열심히 공부한다는 것이었다. 자연스럽게 최고를 지향하는 플레이보이 잡지와 맞아떨어졌다. 남자들이 갖고 싶은 모든 것, 아름다운 여성까지 잡지 안에 있는 것이다. 플레이보이 기사 중 그달의 인터뷰는 센터 폴더 미녀가 누구냐 못지않게 관심사였으며 정치, 경제, 사회, 국제정세, 문화, 스포츠 등을 총망라하여 남자들이 꼭 알아야 하는 기사만 추린 남자들의 필독 잡지라는 평을 받았다. 심지어 광고도 그 분야의 최고가 아니면 광고를 실을 수 없을 정도로 당시는 최고로 권위 있는 잡지 중 하나였다. 하버드 대학생이 가장 많이 구독하는 잡지로 유명세를 타기도 하였다.

1960년~70년대 대학 생활을 한 선배들 눈에는 한심하게 보였다. '우리 때는 반전(反戰)이라는 사회적인 이슈로 뭉쳤고, 히피 축제 우드스탁(Woodstock)에 열광하며, 켄트주립대(Kent State University)에서 반전 시위대를 향한 발포사건에 분노하며 하나가 되었었는데... 요즘 애들은 그저 돈

EPISODE

벌 이기적인 생각만 한다니' 밥 딜런의 음유적인 노래를 다 같이 떼창 하였던 선배들의 '라떼'이야기가 그때도 있었다.

1953년생인 우리는 대학 72학번이다. 우리의 대학 생활은 1학년 가을에 일어난 '유신'으로 얼룩지기 시작하였다. 1972년 10월 17일 중간고사 시즌이라 모처럼 도서관에서 열공 중 갑자기 웅성거림을 느꼈다. 정숙해야 할 도서관에서 그 웅성거림은 점점 커졌고 뭔가 일이 벌어졌음을 직감할 수 있었다.

군인들이 교정 안 곳곳에 텐트를 치고 주둔할 준비를 하는 것이 아닌가. 그리고 이어 지금 즉시 학교를 떠나라는 안내 방송이 나온다. 72년도 1학년 가을 학기는 10월 17일 타의에 의해 그렇게 끝이 나고 말았다. 학교에서 쫓겨나면서 우리의 '반(反)유신'은 시작되었다. 그러고는 4년 내내 반(反)유신 시위, 최루탄 그리고 휴교로 얼룩진 대학생활이었다. 한 번도 1년을 조용히 지나가 본 적이 없었다. 특히 3학년 때는 가을 학기 중간에 시위로 인하여 휴교, 그리고 4학년 봄 학기 시작하자마자 이어진 반(反)유신 시위로 휴교. 거의 2학기를 연속해서 휴교로 놀다 보니 지금 이게 뭐 하는지 모르겠지만 뭔가 잘못 돌아가고 있다는 느낌은 받았다. 그러니 부모와 그 당시 기성세대는 비싼 등록금 내고 학교는 반밖에 안 다닌다며 골탕을 하였고, 학생들은 현 정치에 관여 말고 미래를 위하여 공부나 열심히 해야 하는 것 아니냐며 한심한 눈으로 우릴 쳐다보았다.

EPISODE

미국 대학생들의 월남전 반전시위나 우리의 반유신 시위는 전혀 다른 이슈이지만 지성인은 사회 이슈에 때로는 공감하고 때로는 아파해야 하는 큰 틀에서는 같다고 생각하였다. 그러니 70년대 한국에서 대학에 다녔던 나의 눈에도 80년대 미국 대학생의 자신 미래만을 생각하는 가치관은 이해하기 힘들었다.

'허슬러(Hustler)'

'허슬러(Hustler)'는 '플레이보이(Play Boy)'와는 차원이 다른 노골적인 도색 잡지이었다. 허슬러를 창간한 래리 플린트는 제리 포웰을 난잡한 성생활의 이중인격자로 묘사한 패러디를 잡지에 실어 미국 사회에 큰 화제가 되었다. 명예훼손 등의 이유로 두 사람 간의 소송전이 벌어졌고 급기야 '개인의 명예'와 '표현의 자유'의 대결로 좁혀지며 찬반양론이 첨예하게 대립하였다. 결국 대법원에서 하급심 판결을 뒤엎고 표현의 자유, 즉 허슬러의 래리 플린트의 손을 들어 주어 개인의 명예와 정신적 피해보다 표현의 자유를 중요시하는 미국 사회의 가치관이 확고해지는 유명한 판례가 되었다.

래리 플린트는 허슬러 같은 난잡한 잡지가 표현의 자유를 인정받는다면 어떤 언론도 자유로운 의사 표현과 비판을 할 수 있는 성숙한 사회임을 입증하는 것이라 역설적으로 주장하였고, 실제 많은 언론도 허슬러를 좋아하든 싫어하든 표현의 자유를 위하여 래리 플린트와 힘을 합칠 수밖에 없었다.

EPISODE

찬반 여론이 들끓던 중 래리 플린트는 반대파의 공격으로 하반신 마비가 되는 총상을 입었고 그는 수많은 미녀에게 둘러싸인 성불구자로 아이로니컬한 삶을 이어가다 쓸쓸히 생을 마감하였다. 이러한 래리 플랜트의 파란만장한 일생을 다룬 영화가 제작되었으며 이 영화는 베를린 영화제에서 대상을 받기도 하였다.

아무튼 비교적 점잖은 플레이보이는 자신의 물질적인 풍요만을 위한 젊은이들이 즐겨보는 잡지이었고, 난잡한 허슬러는 미국의 언론 자유를 쟁취한 잡지가 된 것이었다. 1980년대 미국 사회에 기억에 남는 이야기 중 하나이다. '속물을 보호한다면 모두가 보호받는다!'

둘째 아들

1. 아들!

1985년 둘째가 태어났다. 미국 유학 전에 첫째가, 유학 마치고 둘째가 태어난 것이다. 둘 다 한국에서 태어난 것을 강조하고 싶은 생각은 털끝만큼도 없다. 우리 부부는 아무 생각 없이 하늘에서 주는 대로 아이를 낳았지, 미국에서 낳아 미국 시민을 만들 생각도 하지 않았고 애국심을 내세우며 한국에서 낳은 것도 더더욱 아니다. 주위에서 기왕이면 미국 시민권을 갖게 하지 그랬냐는 얘기를 들을 때는 우리가 너무 세상을 순진하게 살고 있나 하는 생각도 들었다.

강남성모병원에서 무사히 둘째를 출산하자 아들만 둘이라는 소문이 소리 없이 전파되었다. 그러고는 서너 가족이 나를 찾아왔다. 혹시 아들을 낳기 위해 어떤 특별한 조치를 하였나 알아보기 위함이었다. 처음에는 나도 아내도 왜 우리를 찾아와 이것저것 물어보는지 알지 못하였다. 부모와 함께 온 한 남자의 질문.

"아들을 낳기 위해 특별히 무엇을 한 게 있습니까?"
"없습니다."
"그래도 뭔가가 있지 않았나요? 택일하였다던가."
"아니, 없습니다."
"마지막으로... 좋아하는 음식은 무엇입니까?"
"특별히 없는데요."
"그래도... 고기라든지 채소 아니면 생선...."
"다 잘 먹습니다."

갑자기 짜증을 내면서 가 버렸다. 절실하였는데 내 대답이 단답형으로 성의가 없다고 생각한 것 같다.

'난 있는 그대로 얘기했을 뿐인데....'

세월의 격세지감을 느끼지 않을 수 없는 것이 80년대까지 우리나라는 남아선호사상이 뿌리 깊게 박혀 있었다. 아들! 아들! 아들! 그저 아들만 바랐던 것이다. 불법 낙태 수술과 아들만을 바라는 세태를 꼬집은 신문에 실린 고발 기사를 본 기억이 있다. 신생아 인구 통계를 예로 들며 기사를 썼다. 첫째 아이의 성(性) 비율은 여자 100, 남자 104이었다. 인구 성 비율은 여자 100을 기준으로 한다. 100 대 104~5는 가장 자연스러운 성비(性比)에 가깝고 바로 신(神)의 섭리라는 것이다. 남자는 위험한 일에 많이 노출되므로 자연 소모를 감안한 비율이다. 둘째 아이의 성비는 100 대 107로 남자아이가 많아진다. 어떤 인위적인 요소가 개입된 게 아닌가 의심을 할 수밖에 없다. 그런데 셋째 아이의 성비는 듣는 사람을 소름 돋게 한다. 여자아이 100대 남자아이 110 이상으로 갑자기 셋째 아이가 남자인 경우가 눈에 띄게 늘어난다. 이는 어떤 인위적인 요소가 개입되었음을 누구나 짐작할 수 있다.*

80년대 중반부터 초음파 검사가 자리 잡으며 여자 태아가 수난을 겪었다. 사회문제가 되며 초음파 검사 때 절대로 성별을 가르쳐주지 말자는 사회적인 운동이 생겼고 형사처벌까지 운운하며 막으려 하였지만, 아들을 절실하게 원하는 부모는 어떻게 해서도 태아의 성별을 알아내었다. 초음파 기사는 직접 말할 수 없었지만, 산모나 보호자가 얼마든지 유도 질문으로 태아 성별을 알아내곤 하였다.**

---

* 1980년 후반의 신문 기사였다는 기억뿐 정확한 연도는 기억은 나지 않는다. 몇 년도 통계를 인용하여 발표한 신문 기사인지도 기억나지 않는다. 또 100 대 104, 100 대 107이라는 숫자도 정확하지 않을 수 있다. 그렇지만 전체 내용 및 숫자는 그 당시 상황에 크게 벗어나지 않을 것이라 확신한다. 특히 셋째 아이 성비인 100 대 11x 역시 기억나지 않지만 110대 후반인 것은 확실하다. (117?)

** 1980년대는 초음파 판독은 의사가 하였지만, 검사는 전문 기사가 담당하였다. 태아의 성별을 아는 사람이 초음파 기사, 간호사 그리고 담당 의사 등 여럿이라서 태아 성별의 비밀이 잘 지켜지지 않았다.

90년대 들어오면서 더욱 심해졌다. 첫째 아이의 성비가 매년 100 대 110을 넘었다. 그 이유는 산아제한 때문이었다. 산아제한! 참으로 오랜만에 듣는 단어이다. 인구 폭발을 우려한 정부가 출산 억제 정책으로 시행한 정책이었다. 70년대는 '둘만 낳아 잘 키우자.' 이 말에는 셋 이상 낳지 말라는 숨은 메시지가 담겨있다. 그러다 80년대 후반부터 내건 표어 '둘만 낳아도 삼천리는 만원'에는 둘도 많으니 둘을 낳지 말라는 은근한 권유가 담겨있다. 그러다 90년대부터는 아예 '둘도 많다. 아들, 딸 구별 말고 하나 낳아 잘 기르자' 이런 내용의 표어로 하나 낳기 운동을 벌인 것이다. 코미디 프로에선 한 집 건너 하나 낳자며 웃음을 자아내게 하였다.

90년대는 하나를 낳을 바에는 아들을 원하였기에 첫아이부터 성비가 100 대 110을 넘었고 결과적으로 남자아이가 훨씬 많이 태어났다. 초등학교에서 남녀가 짝을 이루어야 하는데 여자 짝꿍 없는 남자아이가 점점 늘어나는 기현상도 벌어지기 시작하였다. 남녀 성비 문제도 심각하였지만, 또 하나 간과한 것이 있었다. 저출산이 소리 없이 우리 사회로 파고들고 있었다. 그때는 아무도 몰랐다.

생각해 보면 불과 30년 전 일이다. 우리 사회에서 저출산이 문제가 되겠다 싶어 의식하기 시작하였던 시기를 2010년대라치면 불과 20년 전에는 하나 낳기 운동을 벌인 것이다. 우리 시대 웃지 못할 산아제한의 예는 예비군 훈련 때마다 정관수술(남자 불임수술)을 받으라고 유혹한 일이다. 특히 동원훈련은 1주일을 군대 생활을 해야 하는 고된 훈련으로 마지못해 끌려가는데 정관수술을 받으면 그 자리에서 집에 갈 수 있다니 참으로 달콤한 유혹이 아닐 수 없다. 이것뿐 아니라 80년대~90년대에는 셋째 아이가 태어나면 의료보험에서 출산 비용 지급이 되지 않았다. 자녀 수를 국가에서 노골적으로 제한한 것이다. 그때 셋째 아이를 낳으면 친구나 직장 동료 사이에서 원시인 또는 야만인이라 놀림 받곤 하였다. 요즘 애국자를 그렇게 푸대접한 것이다.

정말 한심하기 그지없다는 생각이 든다. 한심하다 못해 전문성뿐만 아니라 직업의식도 전혀 없는 전형적인 탁상행정의 대표적인 예 아닌가. 더구나 장기 예측을 해야 하는 인구 정책을 불과 20~30년 앞을 내다보지 못하고 1990년대까지 저출산 정책을 폈다니… 일반 사람은 몰라도 인구 분야의 전문가 그리고 정책입안자라면 예측하였어야 할 미래가 아니었나 싶다. 심각성을 알았을 때는 이미 사회 전반적인 분위기가 하나 낳고 말아야지 하는 생각이 뿌리 박혀 있었다. 돌아올 수 없는 다리를 일찌감치 건넌 느낌이 들었다. 게다가 2000년대 들어서면서 결혼조차 하지 않거나 결혼하여도 자식을 낳지 않는 풍조가 생겨났으니 하늘을 보아야 별을 따든 말든 할 게 아닌가! 나는 개인적으로 저출산 문제가 우리나라 미래에 가장 심각한 문제라 생각한다.

아무튼 둘째로 아들을 낳고 우리 사회 뿌리 깊은 남아선호사상이 있다는 것을 알게 되었다. 우리 부부는 미국 생활 영향도 있었겠지만, 기본적으로 가톨릭 정신이 있어 아들, 딸에 대한 생각이 자유롭고 하늘이 정해준 대로 낳을 생각이었는데 남들이 부러워하는 아들만 둘을 낳게 되었다. 세상은 가끔 불공평하다고 느낀다. 아들을 원하는 가정은 딸을 낳고 우리처럼 아무 생각이 없는데도 아들을 낳고... 우리는 진심으로 딸 하나 있었으면 하였는데.

2. 라마즈 호흡

출산을 2~3달 앞둔 어느 날 강남성모병원으로부터 '라마즈호흡법 무통분만'을 처음으로 기획하였다며 참여하지 않겠냐는 전화를 받았다. 미국에서 언뜻 들은 기억이 있었고 무통분만이라니 귀가 솔깃하였다. 무엇보다 반가운 것은 통증으로 정신없는 아내를 라마즈 호흡으로 리드해야 하기 때문에 같이 분만실에 갈 수 있다는 설명이었다.

첫 교육 날 나는 월차 휴가를 내고 아내와 함께 강남성모병원에 갔다. 교육 장소에 가니 십여 명이 참석하였는데 전부 임산부였고 남편은 나 혼자였다. 꿔다 놓은 보릿자루 모양 어색한 표정으로 있는데 정작 강사와 주최 측도 나를 보며 난감해한다. 자기들끼리 잠깐 상의를 하더니 나에게 남편이 같이 참석하는 게 맞기는 한데 아무도 오지 않아 임산부 중심의 교육을 할 수밖에 없다며 별도 교육을 해주겠다고 제안한다. 임산부 교육에서는 민망한 자세를 취할 일이 많으므로 남자가 있으면 불편하다는 설명을 덧붙였다. 80년대만 해도 남편과 같이 분만실을 들어간다고는 생각도 할 수 없었던 시절이었다.

별도 교육으로 라마즈 호흡법에 대한 교육을 이수하고 분만실 들어갈 자격이 생기자 아내는 불안감을 떨칠 수 있어 안심된다며 좋아하였다. 그러다 드디어 D-day가 왔다. 산통이 오자 아내는 분만실로 들어갔다. 곧이어 여러 수속을 마치고 내가 들어가려 하자 어딜 들어가려 하냐며 제지하는 것이 아닌가. 나는 라마즈 교육을 이수한 사람이라 외쳐도 분만실 경비아저씨는 라마즈라는 말조차 모르는 듯하였다. 나는 라마즈만 외쳤고 경비아저씨는 분만실은 남자 금지구역이란 얘기만 하고 맴맴 돌고 있는데 문이 열리며 구세주같이 간호사 한 분이 나왔다. 자초지종을 설명하자 라마즈 교육을 이수하였어도 여긴 들어올 수 없다며 딱 자른다. 결국 교육을 주관한 수녀님까지 모셔 왔지만, 분만실 측에서는 구조 자체가 남자가 들어올 수 없는 구조라 어쩔 수 없다며 충분히 협의가 이뤄지지 않은 제도이므로 허락할 수 없다고 물러서질 않았다.

살면서 이런 경우 가끔 경험한다. KBS 9시 뉴스에서 대출을 일정 자격만 되면 누구나 쉽게 받을 수 있다고 보도하였지만, 다음 날 대출 현장인 은행에 가면 바뀐 것 하나 없이 여전히 바늘구멍처럼 어렵다는 것을 알았을 때 심정이라 할까? 병원에서 의료를 담당하는 측은 행정업무를 관리하는 측과 마찰이 있게 마련이다. 윗선에서만 라마즈호흡법의 무통 분만에 대하여 원칙적인 합의만 보았을 뿐 한쪽에서는 산모가 직접 하는 것으로 받아들였고, 주관한 측은 남편도 같이 분만실에 들어오는 것을 전제로 기획하면서 생긴 해프닝이었다고 기억된다. 그나마 어느 병원보다 오픈 마인드의 가톨릭에서 운영하는 성모병원이었기에 라마즈를 기획할 수 있었다고 생각한다.

결국 양쪽 책임자까지 동원된 끝에 나는 분만실을 들어갈 수 있었다. 1시간 넘게 내가 들어오지 않아 불안해하던 아내는 맘이 놓이는 듯 반가워하지만 이미 산통은 진행 중인 듯하다. 들어오면서 곁눈질로 살짝 본 분만실은 전체 구조는 원형이었던 것으로 기억난다. 가운데에는 의료진들이 분주히 왔다 갔다 하고 있고 각 분만실이 원의 중심을 향하도록 배치되어 있다. 그런데 방에는 아예 문이 없고 산모는 언제든 상황에 대비할 수 있도록 준비된 자세로 중앙을 향하여 누워있었다. 이러니 의료진을 제외하고 어떠한 외부인이 들어오면 안 되며 더더구나 남편이 입장한다는 것은 생각조차 할 수 없는 구조이다. 내가 들어올 수 있도록 병원에 흔히 있는 파란 천의 간이 칸막이를 각 분만실 앞에 설치하여 산모의 프라이버시를 지켜주는 선에서 합의가 이루어진 것이다. 분만실에 들어가기 적합한 수술실 가운으로 갈아입고 입장한 것은 물론이었다.

잠시 후 본격 통증이 다시 엄습하자 배운 대로 내가 호흡을 리드하여야 하는데 아내는 너무나 괴로워하고 옆방에서는 비명이 수시로 들려오자 겁부터 덜컥 나며 호흡법은 전혀 기억나질 않는다. 그저 손잡아주며 겨우 한 한마디 "힘내~" 머리가 멍해지고 라마즈고 뭐고 지금이 진통 1단계인지 2단계인지 전혀 감 잡지 못하고 있을 때 둘째는 쑥 나왔다. 둘째는 쉽게 나온다는 얘기는 들었지만 이렇게 금방 나올 줄이야. 물론 아내가 느낀 시간은 다르겠지만.

나중에 안 사실은 노련한 의사가 막바지에 입장시켰기에 나로서는 라마즈 호흡 말고 그냥 손잡고 마음의 위안을 주자마자 둘째는 세상으로 나온 것이다. 그때 본 태반(胎盤)은 지금도 생생하게 머릿속에 각인되어 있다. 순간적으로 이런 생각이 스쳐 지나갔다. 앞으로 과학이 발전하고 정교한 컴퓨터가 만들어진들 어떻게 저 태반을 대신할 수 있으랴? 수많은 실핏줄이 정교하게 얽혀 있고 그 실핏줄이 각각 기능을 다하여 우리 애는 무사히 엄마 뱃속에서 무럭무럭 자라 오늘 이 세상에 나올 수 있었던 것 아닌가. 참으로 생명의 신비와 엄숙함을 엿본 값진 경험이었다.

국내 최초로 시도한 남편과 함께하는 라마즈가 맞다면 내가 우리나라에서 공식적으로 분만실을 처음 들어간 남편이 아닐까?

EPISODE

아들 원하던 집

직장 동료 이야기다. 친가, 처가 모두 유독 아들을 원했다. 그런데 딸만 내리 둘을 낳아 아내는 죄인처럼 숨죽여 살고 있었다. 때는 90년대로 '둘만 낳아 잘 키우자'가 대세인 시대라 셋째는 생각도 못하고 있었지만, 양쪽 집안의 은근한 압력으로 갈등하고 있었다. 하루는 남자의 어머니께서 어느 날 몇 시에 어느 방향에서 합방하면 아들을 낳을 수 있다는 용하다는 점쟁이의 점괘를 갖고 온 것이다.

남자는 요즘 시대 누가 그런 점을 보냐며 펄쩍 뛰고 또 그렇게 쉬우면 왜 아들 못나 다들 골탕하고 있겠냐며 일축하였다. 그런데 의외로 아내가 적극적이었다고 한다. 간절하였을 수 있고, 시어머니 청인데 그냥 따르자는 마음도 있었을 테고, 무엇보다 하라는 대로 하고 또 딸을 낳아도 더 이상 재촉하지는 않겠지 하는 현실적인 이유도 있었을 것이다.

드디어 d-day가 되자 둘은 점괘대로 그 방향으로 가 소위 러브호텔을 잡았다. 쳐다보는 사람도 없고 불륜관계도 아닌 당당한 부부인데 얼굴 화끈거려 고개 푹 숙이고 겨우 방을 잡았다. 남자는 이게 지금 뭐 하는 건가 하며 빨리 끝내고 집에 가자고 하자 아내는 안 된다며 점쟁이의 점괘대로 정해진 시각에 합방해야 한다고 단호하였다.

"생각해 보세요. 부부지만 얼마나 어색합니까? 게다가 시계를 계속 보며 시간이 되길 멍하니 기다리고 있으려니 죽을 맛이더라고요."

계속 이어갔다.

"얼마 지나자 아내가 나지막한 소리로 '지금이야...' 하고 얘기를 하는데... 부부관계도 필 꽂힐 때 짠! 하고 하는 게 자연스럽지... '시작!'하고 하려니 어찌나 어색하고 민망하든지...."

점쟁이가 용한 것인지 부부의 노력이 결실을 맺었는지 그들은 결국 셋째 아이는 아들을 낳았다. 아들 턱 낸다고 술좌석에서 벌어진 이야기를 직장 동료들과 들으며 다 같이 웃느라 정신없었다. 90년 중반에 벌어진 진짜 해프닝 같은 이야기다.

제3장

커리어 (career)

제네럴리스트
(generalist)

나는 회사 생활의 대부분을 기획 부서에서 근무하였다. 흔히 기획업무를 직장의 꽃이라고 하고 기획부서에서 근무한다고 하면 그 조직에서 인정받았거나 입사 성적이 우수할 것이라는 선입견을 갖고 있다. 내 경우는 그런 것과 무관하게 사회생활 첫발을 디딘 부서가 우연히 기획실이었기에 평생 커리어가 되고 말았다.

요즘 이런 얘기 하면 진짜 '라떼' 이야기가 되는데 1979년 졸업하던 해 즈음해서는 아마도 단군 이래 초호황으로 기업마다 신입사원 확보에 사활을 걸다시피 하던 해였다. 70년대 중후반부터 우리나라는 도약의 시기였다. 경제성장률이 17%, 어떤 해는 약간 저조(?)하면 13%에 달하던 시대였다. 각 기업에 근무하는 선배들이 학교로 찾아와 시험은 형식적이니 걱정하지 말고 이름만 써서 제출하면 합격시켜주겠다고 홍보하던 시절이었다.

실제로 나도 서너 회사에서 입사 합격 통보를 받고 친구들과 초봉이 얼마냐, 근무 조건은 어디가 좋을까, 심지어 어느 회사 건물이 멋있다고 하며 건방 떨었다. 모 재벌 그룹은 내가 졸업하던 해 무려 3천 명의 신입 사원을 뽑았다는 후문이다. 나도 그중 하나였다. 그해 졸업생 전체 수는 잘 모르겠지만 소위 SKY(서울대, 고려대, 연세대)를 거의 독점하였다. 아직도 어렴풋이 기억나는 것은 초봉이 10만 원 정도이었던 78년에, 수습 기간 6개월이 끝나면 13만 원을 주겠다는 파격적인 조건으로 싹쓸이를 한 것이다. 요즘 직장 구하기가 하늘의 별 따기로 어렵고 겨우 입사하여도 계약직이나 비정규직이란 얘기를 듣다 보면 결코 인생은 공평한 것만은 아닌 것 같다.

그러니 어떻게 기획실에 근무하게 되었는지 알지 못한다. 근무 희망 부서를 기재하는 난이 입사지원서에 있었던 것 같기도 하지만 대부분 적성이나 희망부서와는 전혀 무관하게 무작위로 부서를 배치하던 시대였다. 어쨌든 배치받은 기획실 근무는 내 적성에도 맞았고, 늘 새로운 일을 개척하는 기분도 있어 기획업무를 좋아하게 되었다.

미국 유학을 마치고 돌아와 새로운 직장에서 평범한 회사원으로 새 출발을 하였다. 유학 전 첫 회사 근무부서가 기획실이었고 미국 경영학 석사를 인정받아 기획실로 발령받았다. 처음에는 당연하게 받아들였지만 몇 년 근무하다 보니 회의에 빠지게 되었다. 실무부서 경험이 전혀 없이 계속해서 기획업무에만 매달리는 데서 오는 회의였다. 기획실에는 매일매일 해야 할 루틴(routine) 업무는 거의 없다. 그때그때 경영진으로부터 내려오는 지시사항을 수행만 해 왔으므로 일관성 있는 축적된 노하우가 있을 수 없었다. 더구나 내가 맡은 주 업무는 신규 사업 파트였으므로 매번 새로운 사업의 타당성 검토를 하다 보니 회의에 빠진 것이다. 타 부서에서 근무하는 직장 동료들은 몇 년 일하다 보면 축적된 노하우(know-how)가 생겨 어느덧 그 분야의 전문가가 되어 있었고, 다른 것은 몰라도 내 분야만큼은 내가 최고라는 자부심이 있는데 나는 통 내 세울 것이 없었다.

제네럴리스트!

사회생활 내내 나를 괴롭혔던 단어이다. 사전을 찾아보면 '다방면에 지식을 가진 사람'으로 되어 있지만 좋은 의미인데 반대로 생각해 보면 내세울 만한 전문적인 분야나 주특기가 없는 사람이라는 뜻이기 때문이다. 예나 지금이나 공부 잘하는 이과생들은 의과대학으로, 문과생들은 법대로 가는 코스가 정석처럼 되어 있다. 전문직은 그만큼 눈에 보이는 확실한 스킬이나 지식을 습득하였기에 어디에서나 학력과 경력을 인정받기 때문 아니겠는가. 게다가 면허까지 주어져 신규 진입을 제한하여 기득권까지 보장되는 셈이니 의대, 법대를 선호하는 마음을 충분히 이해할 만하다.

제네럴리스트의 한계를 느끼던 어느 날, 친구가 책을 내었다며 자랑스럽게 내게 주었다. 외국환(FX, foreign exchange) 딜러 1세대로 우리 같은 월급쟁이로는 상상도 못 할 최고의 연봉을 받으며 남다른 직장생활을 하는 친구였다. 외국환 딜러는 그 당시 최첨단의 전문직으로 하버드 경영학 석사를 졸업하고 외국환 딜러로 몇 년 근무하면 평생 놀고먹을 돈을 번다는 최고의 전문직이었다. 물론 탑(top)을 달렸던 소수에게 해당하는 이야기지만. 어쨌든 책의 내용은 외국환 딜이란 무엇이냐를 시작으로 그 당시 생소한 분야를 소개하며, 외국환 거래의 선두 주자답게 본인의 경험과 외국환 딜을 해본 사람만이 할 수 있는 이야기로 채워져 있었다. 간간이 연습문제를 넣어 교과서 같지만, 아무튼 그 책을 받고 만지고 또 만지며 부러워하였던 기억이 있다.

"내가 소설을 쓸 수 있겠냐, 시(詩)는 언감생심이고, 그냥 잡(job)에서 배운 지식과 경험을 수필 형식으로 풀어 써본 거야."

책을 주며 내게 말한 소감이었다. 필(feel)이 딱 꽂히며 전적으로 공감이 갔다. 언젠가 책을 쓴다면 경험에서 나온 내용을 수필 형식으로 쓸 수밖에 없는 나로서는 전문 분야가 있는 그 친구가 부럽기 그지없었다. 그때부터 책을 쓰고 싶다는 갈망이 있었던 것 같았는데 단지 희망 사항일 뿐

친구 책

절대로 이루어지지 않을 꿈이라 생각하였다. 그러고는 잊고 살았던 꿈이었다.

그랬던 내가 환갑 즈음하여 10여 년 동안 7권의 책을 출판하였다. 어쩌다 인생 황혼기에 책을 꾸준히 출판하면서 살게 되었을까? 내가 어떻게 하다가 글을 쓰는 일을 좋아하게 되었을까? 그것보다 내가 이런 재주가 있으리라고는 상상도 못 하였기에 스스로 돌이켜 보아도 믿어지지 않을 때가 있다.

7권 중 6권은 모두 별, 우주에 관한 주제로 출판하였다. 앞서 언급한 친구 책과 유사하게 코스모피아를 15년 동안 운영하면서 얻은 콘텐츠를 응용하여 책을 써본 것이다. 그렇지만 여섯 번째 책 "흙 별 안단테"는 수필, 즉 나의 이야기였다. 별, 우주를 벗어나 '나'를 주제로 그리고 '내가 살아온 길'을 소재로 하여 수필을 썼다.

그런데 수필을 쓰겠다고 노트북을 펼치기 전에 큰 얼개부터 그리고 있었다. 전체 주제를 '나이 들어 잘한 결정 세 가지'로 잡고 각각의 제목과 내용을 메모하고 머릿속으로 그려도 보고... 소제목을 정하고... 사진은 이러이러한 것들로 채우고, 부드러운 이미지를 주기 위한 그림은 어떻게, 어떻게 삽입하고... 이러기를 수십 번. 좀 과장하면 노트북에 실제 타이핑하기 전 이미 수십 권의 습작 책을 머리로, 메모로 만들어 본 것이다. 약 1

년 넘는 시뮬레이션 과정을 거친 후 노트북을 펼쳤다. 막상 쓰기 시작하자 생각같이 글이 나가지 못하였지만 그래도 전체 얼개가 머릿속에 있는 상태라 계속 전진할 수 있어 6개월 만에 초고를 완성하였다. 편집팀원들도 놀라는 스피드였다. 빙산처럼 나는 물속에 잠겨있는 90%를 이미 마친 상태였기에 가능하였다.

이때 이렇게 책을 쓰는 데에 나의 기획력이 뒷받침하고 있다는 생각이 스치듯 지나갔다. 직장 생활할 때는 나를 그토록 불안하게 만들었던 '기획'이 생각지도 않은 곳에서 나를 도와주고 있었다. 그동안 여러 권 책 출판의 의문이 풀렸다. 나는 글을 잘 쓰는 사람이 아니다. 학교 다닐 때 그 흔한 백일장에 이름 올린 적이 한 번도 없다. 그런 내가 책을 쓰다니… 하는 의문이 풀리지 않았는데 알고 보니 '기획'이었다. 화려한 글솜씨보다 전체 논리가 우선하는 책을 만든 것이다. 그간 출판한 책은 별, 천문, 우주가 주제이므로 큰 얼개를 잡고 각 주제에 넣을 내용을 정하면 전체 그림이 나온 상태이다. 게다가 각 챕터에서 전개할 논리를 대략 잡고 사이사이만 연결하면 초고가 완성되었다. 특히 유아용 별 그림책은 문장이 차지하는 부분은 많지 않고 주로 그림, 사진이므로 내가 썼다기보다 기획과 제작을 담당했다고 보는 게 맞다. 영화로 치면 제작 겸 감독 그리고 시나리오 각색을 한 셈이다.

기획을 잘 한다고 비즈니스가 성공한다는 보장은 없지만, 사전에 철저한 준비 단계를 거치면 실패할 확률을 줄일 수 있다. 다시 말하면 책 쓰는 작업도 사전 준비를 잘하였다고 베스트셀러가 되지는 않지만 스스로 만족할 수 있는 완성도 높은 책은 만들 수 있었다.

수필을 쓰면서 비로소 여러 권의 책을 출판할 수 있었던 의문이 풀려 시원하였다. 앞서 얘기한 것처럼 노래를 잘하는 사람과 노래 부르기를 좋아하는 사람이 다른 것처럼 나는 글을 잘 쓰는 사람이 아니라 책을 잘 만드는 사람인 것이다. 책을 7권을 만들다 보니 어느새 글솜씨도 약간 늘어 내 머릿속에 있는 생각을 글로 표현하는 일이 재미있어졌다. 이제는 쇼팽, 모차르트 그리고 커피와 함께하는 새벽 시간을 너무나 사랑하게 되었다. 단편소설에 도전하고 싶은 꿈이 피어나기 시작하는데 실현될 수 있을까?

상현 반달, 그림 이윤호

아이디어

나는 소위 손재주가 꽝이다. 우리 집에서는 못질은 아내 담당이다. 심지어 전구를 갈거나, 오래된 건전지 교환도 아내 몫이다. 코스모피아를 구상할 때 현실적인 걱정은 산속에서 대규모 시설을 지어 놓으면 그 후부터는 주인이 직접 해야 할 일이 많다는 것이었다. 맞는 얘기다. 여러모로 편리한 시설이나 소품들은 주인이 간단하게 뚝딱거리며 직접 만들어야 하는데 나하고는 거리가 먼 이야기다.

그뿐 아니라 산속에서 코스모피아를 운영하면 시설물 보완 및 관리를 해야 하는데 소소한 고장이나 간단한 수리에 일일이 전문 업체를 부를 수는 없다. 이럴 때 주인이 직접 나서면 돈도, 시간도 절약하고 좋으련만 이 역시 나하고 거리가 멀다. 고민이 될 수밖에 없었다. 이럴 때 돌파구로 뾰족한 방법이 있을 수 없었다.

내가 평생 살아온 그 방법의 하나는 평소에 저 친구는 못을 잘 박는구나, 누구는 페인트칠을 잘하더라, 누구를 찾으면 전기를 만질 줄 알까? 이럴 시시콜콜한 정보를 늘 머리에 입력하고 다닌다. 이유는 내가 못하기 때문이다. 내가 직접 못하니 늘 대신 해 줄 사람을 입력해 두었다 동원하곤 하였다. 그런데 코스모피아는 어깨너머로 배운 사람에게 관리를 부탁할 수준의 규모가 아니다.

공사 기간 약 1년 동안 코스모피아를 지키면서 수많은 업자를 만났다. 공사업자들은 주로 출퇴근하였지만, 위치가 산속이라 교통이 불편하고, 겨울 공사를 감행하면서부터 자고 갈 수밖에 없을 때가 많았다. 그럴 때면 우리 산 관리인 부부가 사는 집 내 방에서 같이 잤다. '그들'과 밥도 같이 먹고 소주도 한 잔 같이하곤 하였다. '그들'은 내가 불편하기도 하였고 낯설었을 것이다. 공사 발주자이며 듣자 하니 돈도 있을 만큼 있다고 하고 별 박사라는데... '그들' 사이에서는 별 박사로 통했다. (이래서 학력 사칭이 시작되나?) 똑같이 밥 먹고 소주 마시고 게다가 한방에서 같이 자니 '그들'은 무척 어색하였나 보다.

코스모피아를 오픈하고 2~3년이 흘렀을 때 문득 공사해 주었던 업자들이 생각났다. 내가 이렇게 인기리에 코스모피아를 운영할 수 있는 바탕에는 '그들'의 노고가 숨겨져 있는데 한 번 초대해서 얼굴이라도 봐야겠다는 생각이 들었다. 5월 5일 어린이날 연휴 중 하루를 날 잡아 전 업종의 공사 관계자를 초대하였다, 가족까지 1박 2일로. 우리도 어린이날 연휴는 아주 중요한 날임에도 불구하고 큰 결심한 것이다.

“내가 일한 현장에 아내와 아이를 데리고 온 게 처음입니다.”

‘그들’ 모두의 한결같은 얘기였다. 아내와 아이들이 좋아하자 ‘그들’로서는 더 이상 바랄 것이 없었다. 가족은 어딘가로 놀러 갔을 때 아이들이 좋아하면 그 기쁨이 온 가족에게 전파되는 특징이 있다.

코스모피아를 운영할 때 나는 방명록을 만들어 다녀간 사람들에게 한 줄 평 내지는 감상을 부탁하곤 하였다. ‘그들’ 가족이 방명록에 남긴 글이다.

‘아버지가 일하신 현장을 처음 와 봅니다. 아버지가 자랑스럽습니다.’

사춘기 중학생 아들 녀석 글을 읽고 공사판에서 단련된 두꺼비 같은 손으로 눈가를 훔치며 ‘자식~!’ 하던 ‘그들’도 있었고,

‘아빠~ 별이... 예뻐요....’

어린 딸내미가 비뚤비뚤 쓴 글을 한참 동안 보기도 하고,

‘여보, 고생하셨어요, 몇 년 버틸 기(氣)를 별에서 얻어가요.’

이런 아내의 글도 기억난다.

그 뒤로 '그들'은 수시로 코스모피아에 놀러 왔고 온 김에 여러 가지 손봐주고 우린 친구처럼 지냈다. 가끔은 가족 다 같이 놀러 와 커가는 애들 재롱 보며 추운 겨울에도 중무장하고 밤중에 삼겹살 구워 먹는 주책을 떨기도 하였다. 처음부터 계산적으로 다가가지 않았기에 '그들'과 오랜 친구 같은 사이로 발전할 수 있었던 것 같다. 공사 중 그냥 같이 어울렸고, 후에 소식이 궁금하여 놀러 오라 하였고, 가족 중심의 별 캠프장이므로 가족도 초대하였고, '그들'은 고마워 자기가 할 수 있는 기술로 나를 도와주었고, 그러다 보니 좋은 사이가 되었다. 윈-윈(win-win) 이었다.

코스모피아 식구들은 한결같이 공사한 사람들을 가족 동반으로 초대할 생각을 어떻게 하였냐고 감탄하였다. 너무나 좋은 생각이었다며 추켜세웠다.

이렇듯 내 인생을 지탱하여 준 또 하나의 축은 바로 '아이디어'이었다.

'발상의 전환을 즐기며, 공상하기 좋아하며 평생을 살아왔다. 하고 싶은 것은 많고 아이디어는 넘치지만 게으름 탓에 결과가 좋지 않을 때가 많다. 낙천적인 성격이기에 늘 좋기만 하겠냐며 개의치 않는다. 전형적인 슬로우 스타터이지만 한번 시작하면 오래간다. 벼르고 벼르다가 첫 번째 책을 쓰기 시작한 후로 10여 년간 7권의 책을 출판하기에 이르렀으니 스스로 만족하고 있다. 내친김에 10권을 채울까 생각 중이다.

낮에는 호미질, 삽질하면서 쇼팽, 커피와 함께하는 새벽을 즐기는 삶을 계속할 계획이다.'

"흙 별 안단테" 수필의 프로필 내용이다. 이틀 동안 끙끙거리며 작성하였다. 전에는 출생 연도, 출신학교, 그간 저작 활동 등 판에 박힌 프로필이 전부라 나도 비슷하게 써서 별, 우주 책을 출판하였는데 수필이니 요즘 감성에 맞게 작성해보지 않겠냐는 편집장의 권유로 작성하였다. 몇 번의 수정 끝에 완성된 프로필을 읽고 또 읽으며 나 자신을 상당히 잘 표현하였다고 스스로 만족해하고 있다.

'아이디어는 넘치지만'이란 표현하였지만 넘치는 정도는 아니고 평생 아이디어 좋다는 얘기를 많이 들으며 살아왔다. 그러나 직장생활 하면서는 잘 알 수 없다. 조직은 시스템으로 움직이므로 개인의 아이디어가 힘을 발휘하기가 쉽지 않다. 나의 아이디어가 꽃을 피운 작품은 뭐니 뭐니 해도 코스모피아 천문대이다. 그러니까 조직 생활을 떨치면서 새로운 길을 가려 할 때 본능적으로 내가 자신 있는 아이디어가 빛을 발한 것이다.

다음은 수필 본문에서 코스모피아를 소개한 내용이다.

'아이디어가 참 좋았다는 생각이 든다. 봉이 김선달이 대동강 물을 팔아먹었듯 나는 하늘에 있는 별을 보여주고 돈을 받은 것이다. 1997년 여

름은 사람들이 구름처럼 몰려온다는 말을 실감하였다.'

하나 더 소개하면,

'그 후 15년을 굳건하게 버텼다. 중간에 경영이 어려워 2년을 쉬었지만 15년은 결코 짧은 기간이 아니다. 코스모피아가 불을 댕기며 생겨난 크고 작은 천문대가 100개가 넘는다. 그 정글 같은 경쟁에서 15년이란 짧지 않은 시간을 버티었다는 점은 나 자신도 자랑스럽고, 새로운 놀거리 문화인 '별 보는 여유'를 창조하였다는 자부심은 내가 코스모피아를 그만두고도 지금까지 살아오는 데 큰 힘이 되고 있다.'

'기획'과 '아이디어'

둘 다 눈에 보이거나 손에 잡히는 뭔가가 있는 것이 아니다. 그러나 내 삶을 지탱해주는 두 갈래의 축인 것은 틀림없다.

EPISODE

편집팀

나의 독특한 삶의 방식이 그대로 녹아 있는 팀이다. 나는 일을 할 때 그 사람의 특기나 장점을 높이 평가하여 좋은 관계를 계속 이어갈 수 있도록 최선을 다하여 공을 들인다. 그러다 보면 윈-윈(win-wln)이 되면서 나에게 많은 것이 돌아온다는 것을 경험상 터득하였기 때문이다. 앞서 얘기한 코스모피아 공사 해 준 사람과 교류하며 나는 코스모피아의 자연, 별을 주면, 그들은 가진 기술을 나에게 준 것과 같은 맥락이다. 이것이 내가 살아가는 전형적인 스타일이다.

우리 팀은 편집장, 출판사를 대표한 실장, 사진작가, 그림작가, 디자이너 그리고 나까지 6명이다. 나는 한 번 인연 맺으면 특별한 사유가 없으면 계속 이어간다. 7권의 책을 출판하면서 편집장, 실장, 사진작가는 첫 번째 책부터 작업을 같이 하였으니 10년 훌쩍 넘어 같이 일하였고, 그림작가, 디자이너는 두 번째 책부터 호흡을 맞추어 10년 가까이 같이 일하였다. 참으로 긴 인연을 이어가고 있다.

첫 번째 책을 출판한 소감은 책은 혼자 만들 수 있는 것이 아니라 여러 전문가의 노력이 집약된 하나의 종합예술 작품이라는 점이었다. 저자의 원고가 있어야 책의 첫 과정이 시작되지만, 원고가 끝이 아닌 것이 그 뒤로 탈고 과정을 거쳐야

EPISODE

하고 그림, 사진, 디자인 작업으로 이어지는 길고 긴 긴 여정이 기다리고 있다. 원고를 쓰는 나도 중요하지만, 팀원 한 사람, 한 사람의 손길 모두가 중요하기에 원팀(one team)을 꾸며 앞으로 나의 '책 동반자'로 같이 가야겠다고 생각하게 되었다. 한 마디로 팀플레이의 중요함을 알았다.

팀원 대부분은 책 작업을 해본 경험이 있었다. 책 작업을 몇 번 해보았지만, 저자와 개인적인 교류는 아예 없었고, 책 출판 후 수고했다며 점심 한 끼 같이 먹는 게 고작인데 우리는 매번 편집회의가 끝나면 특별한 일이 없고는 술 한 잔 곁들여 저녁 먹으며 개인적인 교류를 가졌다. 책을 인연으로 만났지만, 동시대를 살아가는 사람으로서 다양한 세상 사는 이야기를 나누었다.

초기에는 팀원들도 의아하게 생각했던 것 같다. 사진작가를 제외하고 모두 여성분들이라 젠더(gender) 갈등이 민감한 요즘, 저자와 편집팀원 사이를 넘어선 관계를 지속하는 것이 부담스러울 수도 있었으리라 추측도 해보았다. 이런 만남을 이어갈 수 있었던 배경에는 나의 50년 지기 편집장이 있었다. 요즘 말로 '여사친'이다. 대학교 같은 동아리에서 만난 인연이 이렇게 발전할 줄이야. 졸업 후 한동안은 각자 살기 바빠 간간이 소식 들을 정도로 뜸했으나 코스모피아를 하면서 다시 친해지기 시작하여 지금은 편집 일로 자주 만난다. 학교 다닐 때는 얘, 쟤 하였던 기억이 있는데 요즘은 새로운 관계인 저자 대 편집장으로 만났으므로 서로를 존중해 주며 우리의 우정은 완숙의 단계가 된 듯하다.

EPISODE

2010년도부터 시작한 나의 책 여정이 어느덧 10년을 넘어 이제는 점점 내 생활에서 차지하는 비중이 커졌다. 최근에는 책 작업에 거의 올-인(all-in)하고 있으니 나로서는 편집팀이 인생 후반기에 가장 중요한 사람들이다.

'10권 채울 때까지 같이 갑시다.'

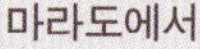
마라도에서

영업

1. 합작생명보험회사

“영업 3년 버틴 친구는 면접도 보지 않고 채용한다.” 중소기업을 운영하는 지인의 말이다. 그만큼 쉽지 않은 일이 영업이라는 의미이다. 그런 영업을 맛볼 기회가 내게 온 것이다. 다니던 회사와 외국 생명보험회사와 50:50 합작으로 설립된 생명보험회사로 갈 기회가 생겼다. 기획실에서 새로운 회사가 탄생하기까지 3년에 걸친 모든 과정을 무리 없이 수행한 대가였다. 나로서는 기획에서 탈출할 절호의 기회를 놓칠 수 없어 망설이지 않고 새로운 생명보험회사로 자리를 옮겼다. 막상 와 보니 보험에 대한 경력이 전무한 터라 딱히 내가 할 수 있는 일이 없었고, 있다면 총무 부서가 내게 적합한 자리였다. 기획에서 탈출하겠다고 하였는데 비슷한 성격의 총무 일은 아닌 것 같았다. 아무리 훑어보아도 영업 외에는 내가 할 수 있는 업무영역이 없었다. 생명보험회사는 영업이 처음이자 끝이라고 말은 하지만 과연 내가 할 수 있을까에 대한 의구심이 있었다.

결국 단체보험 영업에 도전해 보기로 하였다. 생명보험회사 하면 개개인을 상대로 약간 귀찮게 달라붙는 여성 보험설계사를 떠올린다. 진정한 생명보험회사의 영업이다. 나는 회사를 대상으로 퇴직금적립보험(퇴직보험) 파는 일을 맡았다. 퇴직보험은 미래 지급할 퇴직금을 생명보험회사에 맡겨두는 제도로 회사로서는 해마다 계속 쌓이는 부채 성격의 퇴직금을 미리 사외(社外) 적립하여 부담을 줄이고, 종업원은 본인 퇴직금을 믿을 수 있는 금융회사인 생명보험회사에 맡기니 안심할 수 있는 좋은 제도였다.

그런데 모든 생명보험회사에서 취급하는 퇴직보험은 글자 하나 틀리지 않고 100% 똑같다. 상품의 우열(優劣)로 어느 회사 상품을 살 것이냐가 결정되는 것이 아니라 온갖 빽, 윗선 통하기, (갑)과(을) 관계, 술 접대, 선물 공세, 안면, 학연, 지연, 혈연 등등 동원할 수 있는 것은 몽땅 동원해야 하는 도떼기시장과 다름없었다.

1990년대 생명보험업계는 무질서 그 자체였다. 1980년대 중반까지 국내 생명보험회사는 딱 6개 회사가 있었으며 자기들끼리 시장을 독과점 형태로 사이좋게 나누어 가져가던 시대였다. 그러다 1980년대 후반부터 개방 물결을 타면서 외국계 회사의 진입 그리고 개방 전 물 타기식으로 생겨난 국내 회사가 20여 개 등 90년대 초에는 모두 30개가 넘는 생명보험회사가 난립하였다. 기존 6개 생명보험회사가 나누어 먹던 퇴직보험 시장을 30개가 넘는 회사가 같이 나누어 먹자고 달려든 꼴이었다.

찾아가는 회사마다 생명보험회사 응대하느라 업무에 지장을 준다며 불만을 토로하며 문전박대당하기 일쑤였다. 자주 찾아간다고 계약이 이루어질 리 없고, 그렇다고 안 찾아가면 스스로 와서 우리 상품을 사줄 리 없고... 그 당시 영업이 치열한 시장 중에서도 퇴직보험은 가장 힘든 시장으로 꼽혔다. 낯선 환경이 당황스러웠고 기획실 근무가 그리워지며 너무 성급한 결정이었나 싶었다. 기획실 근무 때는 남을 찾아가 아쉬운 소리를 한 적이 단 한 번도 기억에 없다. 언제나 회사를 등에 업은 (갑)의 위치였기 때문이다. 생명보험업계는 (갑)인 회사 하나를 놓고 수많은 (을)의 치열한 싸움이 벌어지고 있는 세계였다. 그런데 외국 합작회사는 (갑)에게 좋은 구실이 있었다. 같은 값이면 외국자본과 거래하기 싫다는 것이 거절의 구실이었다. 외국자본 운운하는 것은 퇴직보험을 담당하는 실무자들은 하루에도 몇 차례 찾아오는 생명보험회사 사람들을 따돌리려는 단순 핑계이지 그 당시 외국자본에 대한 일반적인 시각을 대변하는 것은 아니다.

그러나 생명보험업 인허가(認許可) 및 외국자본 유치 허가를 득(得)할 때 절실히 느낀 한 가지는 우리나라 공무원들의 시각이었다. 요즘은 외자

유치의 중요성을 누구나가 인식하며 원스톱 시스템을 내세워 외자 유치에 공을 들이고, 반대로 국내기업이 미국에 대규모 공장을 세우겠다고 하면 우려스러운 눈으로 바라보곤 한다. 70년대부터 우리나라 성장을 주도하였던 공무원, 그중에서도 테크노크라트(technocrat)라는 엘리트 집단인 경제관련 공무원들의 시각으로는 외국자본을 우리나라의 뭔가를 노리고 들어오는 매판자본(買辦資本)으로 인식하고 있었다. 90년대까지 공무원들은 우리 기업이 해외에 공장을 지으면 자랑스러워하였고 외국자본이 들어오면 의심의 눈초리로 보고, 합작회사는 외국자본을 등에 업고 자기 잇속만 챙기는 약삭빠른 기업이라는 시선으로 보았다. GNP(국민총생산)와 GDP(국내총생산) 개념조차 이해가 부족한 공무원을 바라보며 내 기분도 착잡하였다.*

기업은 세계화로 나아가고 있었지만, 공무원들은 우물 안 개구리였다. 90년대까지 저출산 계획과 더불어 우리나라 공무원들이 외국자본을 바라보는 시각은 내가 개인적으로 가장 실망스럽게 느끼는 부분이다.

아무튼 합작생명보험회사는 (을)도 아닌 (병)이나 (정)의 신세로 어딜 가나 반기는 사람 하나 없이 외로운 영업 전쟁을 치르고 있었다. 그래

---

* GNP는 어느 나라에서 생산하였는가는 관계없이 한국 국적을 가진 사람의 생산을 뜻하며 우리가 미국에 투자하여 벌어들인 소득도 이에 해당한다. 반면 GDP는 생산하는 사람의 국적과는 관계없이 한국 영토 내의 생산을 뜻하며 외국자본이 들어와 벌어들인 소득도 합산된다. 요즘은 GNP보다 GDP가 중요한 통계 지표임은 말할 나위 없다.

도 내국 파트너 출신인 나는 모(母) 그룹의 계열사 및 각 계열사의 (갑)과 (을)의 관계를 파고들어 그럭저럭 거래처가 생겨났다. 첫 거래는 오히려 상대적으로 쉬웠다. 그다음이 문제였다. 첫해는 여러 루트로 들어오는 부탁 또는 커넥션 관계로 마지못해 계약해 주었으나 그다음 해는 가차 없이 해약하고 타 생명보험회사로 옮겨도 할 말이 없을 만큼 난타전의 시장이었다. 소개팅을 부탁하여 맘에 드는 이성과 만남까지 이루어졌으면, 그다음은 본인이 알아서 할 문제지 계속 만남을 이어달라고 할 수 없듯, 첫 계약 후 다음 해부터 수성하느냐 더 나아가 새로운 퇴직금을 추가로 배당받느냐는 오로지 나의 영업력으로 결정되는 것이었다.

갓 태어난 신설 회사이니 규모도 작아 영업비가 넉넉할 리가 없었다. 더구나 외국인 사장이 비싼 술 접대를 이해할 리 없었고, 설명하여도 허락할 리 없었다. 나를 알려야 하고 나를 기억하게 해야 하는데 마땅한 방법이 떠오르질 않았다.

발상의 전환이 절실하였다.

EPISODE

자유연애결혼

합작생명보험 프로젝트의 실무를 담당하면서 가장 궁금한 한 가지는 나의 미래였다. 답답한 기획실을 떠나 새로운 세계로 뛰어들어 도전하고 싶은 마음이 굴뚝같은데 인사권을 쥐고 있는 모(母)회사에서 가라고 허락해 줄지, 그것보다 보험경력이 전혀 없는 나를 합작생명보험회사 사장 내정자가 원할지 모든 것이 안개 속이었다. 50:50 합작이지만 경영은 전적으로 외국 파트너 쪽에서 책임경영한다는 대전제가 있기에 나의 미래는 전혀 예측할 수 없었다.

하루는 모(母)회사 회장님을 만나 단도직입적으로 물어보았다.

"자유연애결혼을 하여라."

"...."

"경영에 전혀 개입하지 않겠다고 하였지만, 합작파트너로 자네 한 사람 정도 보내겠다면 저쪽에서도 반대는 안 할 걸세. 그렇지만 사장 내정자가 원해서 보내달라고 할 때 마지못해 보내주는 척하는 것이 모양새가 좋지 않겠느냐. 나는 자네가 가고 싶다면 보내주마."

EPISODE

자유연애결혼! 참으로 멋진 표현이었다. 프로세계의 계약과 비슷하다고 할까? 특별히 잘 보이려고 애쓴다고 통할 리 없고 그저 내가 맡은 일을 열심히 하는 정도(正道)를 걷는 수밖에 없었다. 어느 날 사장 내정자가 모(母)회사 회장님에게 나를 원하니 보내줄 수 있겠냐고 먼저 제안한 것이다. 네고(nego)시 가장 중요한 첫 단추는 누가 먼저 제안하였냐이다. 그 후 모(母) 회사 회장님의 노련한 밀당 덕에 상당히 좋은 조건으로 나는 원하던 생명보험회사로 옮길 수 있었다.

새로 옮긴 생명보험회사에서 약 5년간의 영업은 값진 경험이었다. 미국에서 마이너리티(minority)로 살아본 경험과 보험을 팔면서 (을)의 입장이 되어본 경험은 인생의 중요한 밑거름이 되었다. 어렸을 때부터 자가용 차창을 통하여 세상을 바라보며 자랐고 평생을 굴곡 없이 평탄하게(flat) 살아온 나로서는 마치 미 프로야구의 마이너리그를 겪어 본 느낌이었다.

2. 발상의 전환

발상의 전환! 내가 좋아하는 단어이다.

추석이 다가오자 거래처에 뭔가 선물을 해야 하는데 무엇을 해야 할지 막막하였다. 갈비, 과일, 상품권 그리고 각 회사에서 선전하는 선물 세트 등이 유행이었지만 영 맘에 차지 않았다. 받는 사람에게 쓸모 있고, 오래 기억이 남고, 무엇보다 값이 착해야 하고… 이런 모든 것을 만족시킬 물건은 있을 수 없었다. '추석 선물'의 고정 관념에서 벗어나야겠다는 생각이 들었다.

생각 끝에 떠오른 아이디어 하나, CD! 그렇다. 발상의 전환으로 클래식 CD를 선물하자. 위의 여러 조건을 모두 충족시키며 동시에 주는 사람의 품위까지 살려 준다. 더구나 부피도 작아 주고받기 편하고, 부서 직원 골고루 돌릴 수 있다는 장점까지 있으니 일석몇조의 효과가 있을 것 같았다. 아전인수(我田引水)로 해석하고 CD를 충분히 구입하고 거래처 순방을 하였다.

추석이 지나고 찬바람이 불어오면 거래처 관리가 시작된다. 퇴직보험은 연말에 적립하므로 본격적으로 전쟁이 벌어지는 시기이다. 주요 거래처 중 한 회사 사무실 문을 열고 들어서자 갑자기 내 주위를 에워싸듯 몰려왔다. 뭔 일이지? 생각할 틈도 안 주고 질문이 쏟아진다.

"지난번 CD, 추석 선물 맞아요?"

"아니지요?"

"...."

내가 바로 대답하지 않자,

"CD를 추석 선물로 할 리가 있어?"

"왜 안 돼?"

자기들끼리 얘기하며 나의 대답을 다그쳤다.

겨우 한마디 하였다.

"추석 선물이라 할 수도 있고... 그냥 들으라고 준 것일 수도...."

"그렇게 대답하면 안 돼요."

"'그렇다, 아니다'로만 답하세요."

마치 청문회 같았다.

"추석 선물... 맞습니다."

한쪽은 "와~!" 하며 환호성을 지르고 다른 한쪽은 "에이~" 하며 실망감을 표출하였다.

두 편으로 나뉘어 내기한 것이었다. 추석 전, 그것도 한참 전에 불쑥 찾아와 CD를 주고 가니 받긴 받았는데 추석 선물치고는 너무 생뚱맞고, 평소 저 양반 이미지로는 그런 것 같기도 하고 하여간 담당 임원까지 참여한 술 한 잔 내기가 벌어진 것이다. 그날 저녁은 거래처에서 역으로 접대 잘 받았다. 이쯤 되면 영업은 9부 능선을 넘은 셈이다.

CD 선물은 여직원들이 너무나 좋아한다. 늘 추석, 설 선물에서 제외되기 일쑤였는데 챙겨 주니까 고마워한다. 여직원의 힘은 은근히 크게 작용한다는 것을 알았기에 나름 공을 들인 것이다. 각 회사로서는 해마다 늘어나는 퇴직금을 어느 한 회사에 몰아 줄 수 없었다. 30여 개 회사가 온갖 커넥션을 동원하여 읍소하는 요청을 마냥 모른 척할 수 없었기 때문이다. 각 회사는 규모에 따라 5개 이상 혹은 규모가 큰 대기업은 10여 개 생명보험회사를 상대하고 있었다. 당해 연도 새로 발생한 신규퇴직금의 큰 배분율은 위에서 내려온다. A 보험사에 몇억, B에는 얼마 그리고 어디는 어떻게 등등의 배분 지시가 내려오면 그다음은 여직원 펜대에 달려있다. 계산하다 보면 약 10% 정도는 왔다 갔다 한다. 예를 들면, 우리 회사에 3억이 배정되었다면 2억 7천에서 3억 3천까지 융통성은 여직원 계산에 달려있다. 큰 보험사는 상관없을지 모르나 나에게는 그리고 갓 태어난 신생보험사에는 무척 중요한 몇천만 원이었다.

여직원 챙겨주기 전략은 나의 주요 영업 노하우가 되었다. 친해진 거래처에는 아예 윗선은 선물 대상에서 제외하고 여직원, 신입사원을 중심으로 준비하였다. 그러자 부서장 및 중간 관리자들이 "우린 이번에도 없어요?" 한다. 내가 "댁들은 딴 보험사에서 받으시고 난 밑에서부터 챙길

것입니다"라고 대답하면 다들 웃으며 좋아한다. 이런 이야기를 주고받는 사이면 영업은 이미 다 되었다고 보아도 된다. 자기는 못 받아도 동생 같은 부하직원이 좋아하는 모습을 보며 기쁨 바이러스를 다 같이 공유한 것이다. 발상의 전환에서 나온 CD 선물은 여러 거래처에 독특한 양반이라는 이미지와 함께 수많은 생명보험사 영업맨 중 나를 기억하게 만드는 첫 목표는 이룬 셈이다. 그 뒤로 CD는 물론 내셔널 지오그래픽 비디오, BBC 제작 우주 비디오, 쌍안경, 탁상용 시계 등이 추석, 설 선물 품목들이었다.

90년대까지도 특수 분야를 제외하고는 여성의 사회진출은 무척 힘들었던 시절이었다. 일반 회사는 거의 남자 중심의 조직이었고 여직원은 입사하여 전화, 타이핑, 커피 등 잔심부름과 실무적인 일의 마지막 마무리 역할을 주로 담당하였던 시대였다. 그러니까 그 조직에서 아무도 챙겨 주지 않는 막내였기에 조그마한 관심과 마음 씀씀이에 고마워하였다.

EPISODE

돈 버는 방법

"어제, 저녁 잘 먹었습니다."

전날 저녁 거래처에 모시기 힘든 '높은 임원'과 저녁을 하였다. 이 역시 CD가 연결해준 귀한 자리였다. 저녁 자리 분위기가 좋아서 이만하면 절반은 성공이라 생각하고 있는데 그 '높은 임원'이 직접 전화를 하였다. 저녁 잘 먹었다는 의례적인 인사거니 생각하였는데 느닷없이 이야기를 이어간다.

"그런데 어제 돈 버는 기가 막히게 좋은 방법을 얘기하였는데 아침에 기억이 안 납니다. 뭐였죠?"

"옛?"

"듣는 순간 '그렇구나!' 하고 다음에 기회 있으면 직원들에게 얘기해주어야지 하였는데 기억이 안 나네요."

"그런데 그걸 내가 알면... 이러고 있을 리가 없는데... 무슨 얘기를 내가 하였지요?"

결국 그 만나기 힘든 '높은 임원'의 제안으로 우리는 또 한 번의 저녁 자리를 갖게 되었다, 자기가 사는 조건으로. 나로서는 만나기 힘든 슈퍼 (갑)이 제안하는 역(逆) 접대이니 최고의 영업인 셈이다.

뭐였지? 뭐였지? 하며 생각해 내려고 하니 더 생각이 안 났다. 우리는 1차에서 생각이 나지 않아 2차까지 가며 의도적으로 '돈 버는 방법'에서 벗어나 화제를 음악 이야기와 나의 대화 노하우인 별, 우주 이야기로 꽃을 피웠다. 그러다 술이 어느 정도 되자 갑자기 싹~ 스쳐 지나가며 한 생각이 떠올랐다. 이거 아닐까?

"혹시 적금을 부으라는 이야기 아닙니까?"

"비슷한데...."

"마이너스 통장을 만들고 거기서 돈을 빼서 적금을 들라는 얘기 같은데...."

"계속해 보세요."

"마이너스 통장의 대출 이자가 적금 이자보다 높으니 손해 보는 거래지만 결국 남는 건 적금 목돈이니까... 그리고 어차피 마이너스 통장은 이래저래 마이너스 한도 끝까지 갈 테고...."

"맞습니다. 맞아요. 그 얘기였습니다."

오른쪽 주머니에 들어있던 돈을 왼쪽 주머니로 옮기는 의미 없는 행동 같아도 결국은 왼쪽 주머니의 목돈이 남는다는 나만의 논리였다.

그 뒤로 '높은 임원'과는 스스럼없는 사이가 되었다.

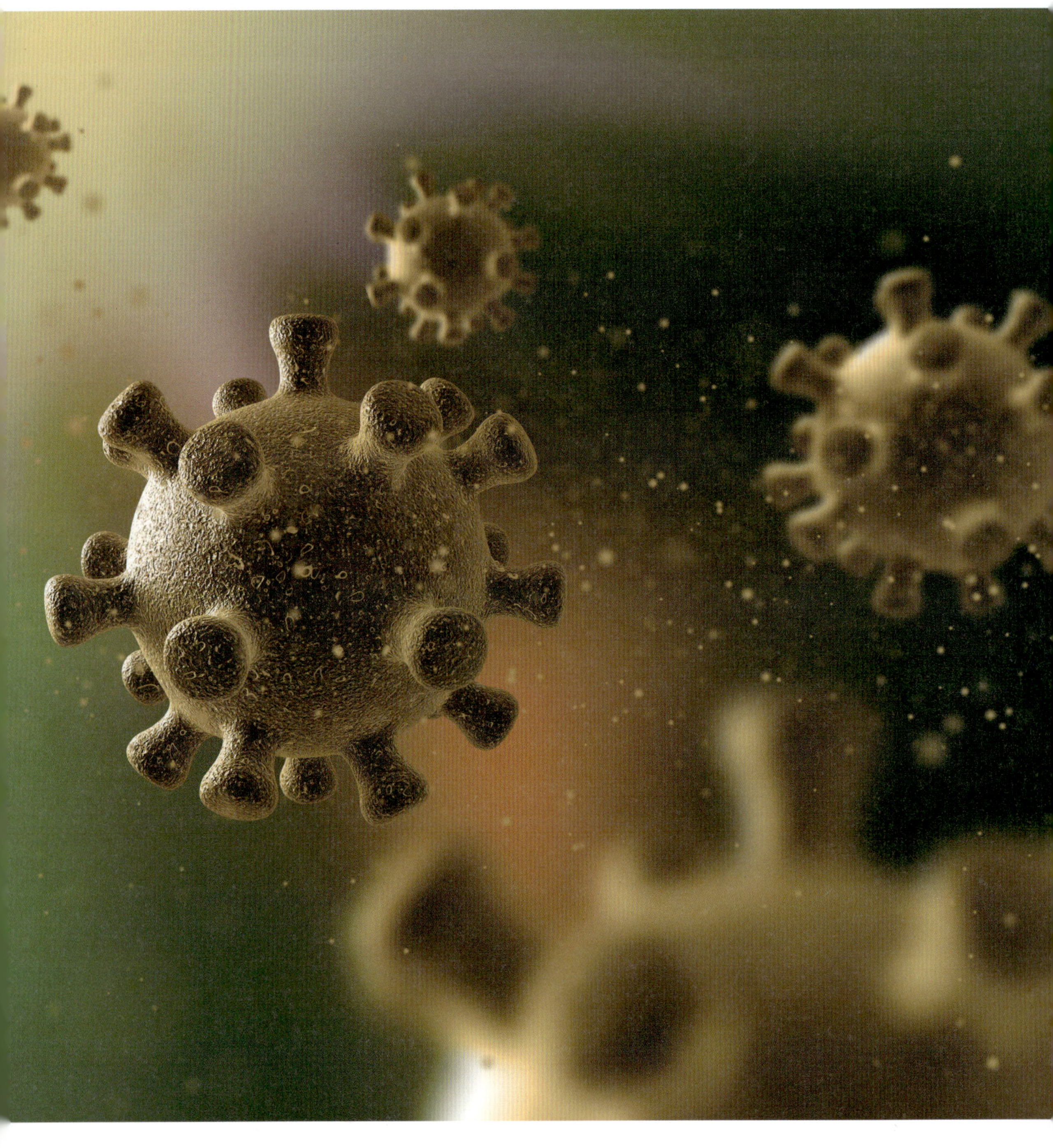

제4장

코로나

2020년 초 느닷없이 전 세계를 덮친 코로나가 우리의 평범하던 일상을 빼앗아 갔다. 역사학자들은 후에 이 시기를 '코로나 시대'라고 명명하지 않을까 생각도 해보았다. 영어로는 'The COVID19 Age.' 마치 중세(中世)를 'The Middle Age'라 칭하며 단순히 고대와 근대의 사이라는 의미를 넘어 하나의 고유명사로 특별한 시대로 분류하듯 코로나는 우리 일상 여러 가지를 바꾸어 놓은 계기가 되었기 때문이다. 비대면, 재택근무, 온라인쇼핑, 택배, 배달 음식 등등 일일이 열거할 수도 없다. 어떤 학자는 코로나로 인해 IT가 정착되면서 비로소 21세기가 시작하였다며 긍정적인 의미를 부여하였다. 오프라인, 아날로그에 익숙한 우리 세대는 갑작스럽게 찾아온 언텍트(untact: 비대면)가 당혹스러웠고 이제 더 이상 우리 시대는 아니구나 하는 씁쓸함이 몰려왔다.

나라고 예외일 수 없어 좋아하던 여행, 각종 모임이 제한받으니 답답하기 그지없었다. 나에게는 제주별장이 있어 다행이지만 그래도 무료하고 채워지지 않는 부족함에 뭔가를 계속 찾았다. 전 세계를 공포로 몰아넣고 있는 코로나를 이길 방법은 없었다. 이기기는커녕 현실적으로 생활에 제약받기 시작하였다. 몇 명 이상 모임이 금지되었으며 한때는 저녁 6시 이후에는 2명 만남만 허용되었고, 외국 여행은 불가능하였으니 코로나에 끌려다니는 나도 점점 우울해지기 시작하였다. 코로나 블루가 나에게도 온 듯하였다. 점점 코너로 몰리자 내 특유의 반전 카드를 꺼내 들었다. '책을 계속 쓰자'라는 건전하고 소박한 결론에 도달하였다. 코로나를 이길 수는 없어도 지기는 싫었기 때문이었다.

코로나: "나 때문에 안 됐다. 친구들도 못 만나고 모임도 다 취소니."

나: "천만에~ 와서 봐라. 나 지금 책 쓰기 바빠."

코로나: "그래도 좋아하는 여행도 못 가잖니."

나: "가고 싶은데 너 때문에 '못' 가는 게 아니라 책 쓰느라 바빠서 내가 '안' 가는 거야. 똑바로 알아라."

코로나: "...."

이런 대화를 상상하며 셋째 손주에게 선물할 유아용 그림책을 기획하였다.

다호와 함께한 가을 밤하늘 여행

"스토리가 있는 우주이야기"에서는 큰손주 윤호를, "스토리가 있는 은하이야기"에서는 둘째 손주 지호를 할아버지와 대화상대로 등장시켜 자연스럽게 각자 자기를 위한 책으로 알게끔 하였다. 셋째 손주에게도 책 한 권을 만들어 주리라고 둘째 내외는 철석같이 기대하고 있었다. 나도 마치 할아버지로서 의무인 듯 당연하게 받아들였다. 그때까지 출판한 책은 성인용 2권, 아동용 2권이니 유아용을 만들어 보고 싶었다. 어른을 위한 책이 장편소설이라면 아이들 책은 단편소설 그리고 유아용은 시(詩) 같다는 생각이 들었다.

비대면으로 편집회의를 진행하자니 여간 힘들고 답답한 게 아니었다. 가끔은 만나 여러 가지를 조율해야 하는데 편집 미팅 날을 잡았다가 무산되기 일쑤였다. 팀원 중 한 명이 확진자와 접촉하였다 하면 연기, 또 10만 명을 돌파하며 무서운 기세로 확산할 때는 우리 일단 소나기는 피합시다

하며 연기, 30만 명 또 연기... 그때마다 코로나의 비아냥거리는 소리가 들리는 듯하여 더욱 이 악물고 '두고 봐라. 언젠가 해내고 말테니까' 하면서 정진하였다.

예정하였던 스케줄보다 많이 늦었지만 아주 만족스러운 책이 나왔다. 책 제목은 "다호와 함께한 가을 밤하늘 여행"으로 이번에는 아예 손주 이름을 책 제목에 넣었다. 나는 기획과 글을 맡고 편집팀 모두가 참여한 공저(共著)로 제작하여 완성도 높고 누가 보아도 읽고 싶고 심지어 소장 가치가 있다고 느낄 최고의 작품이 출판되어 출판사를 비롯하여 편집팀 모두가 좋아하였다.

다호와 함께한 가을 밤하늘 여행

내 책에 사진을 제공하는 염범석은 우리나라 최고의 아마추어 천문사진 작가 중 한 명으로 한때 코스모피아에서 같이 일하였고, 그 인연으로 첫 번째 책 "밤하늘의 문을 열다"부터 "다다남매와 함께한 화성 여행"까지 모두 7권의 책에 천문사진을 제공해 주었다. 나의 모든 책에 실린 사진 중 NASA와 JPL에서 제공하는 사진을 제외하고 별, 우주 사진은 모두 그의 작품이다. 최고의 천문사진 작가와 일할 수 있다는 것이 나로서는 큰 행운이기에 그의 귀한 사진이 조금이라도 더 멋있게 나올 수 있도록 인쇄용 종이는 우리나라에서 구할 수 있는 종이 중 사진의 색을 가장 잘 표현할 수 있는 최고급을 사용하였다.

다호야 잘 가라

2020년 4월, 결혼 후 3년간 같이 살다 분가(分家)하여 나가는 둘째 내외에게 나가서 잘 살라는 의미를 담아 손자 다호에게 편지를 썼다. 먼 훗날 다호가 읽을 날을 기대하면서 같이 살다 헤어지는 서운함과 첫돌은 다가오는데 하루가 다르게 확산하는 코로나의 걱정스러움을 편지로 써 본 것이다.

다호야 잘 가라

다호야~

네가 세상에 나와 할아버지와 가족의 연을 맺은 지 어언 10개월...

정이 흠뻑 들었는데 헤어져야 한다니 아쉽기 그지없구나. 만남에는 늘 헤어짐이 있기 마련이지만 그래도 섭섭한 마음이 앞서는 것은 어쩔 수 없나 보다. 다호가 이다음에 글을 읽을 수 있을 때, 네가 어렸을 때 이야기가 궁금하면 한번 읽어 보라고 몇 자 적어 볼게. 이렇게나마 다호하고 (잠시)헤어지는 아쉬움을 달래볼까 하고 있어.

할아버지는 환갑을 훌쩍 넘어 일흔을 낼모레 바라보면서 여태 몰랐던 사실 하나를 다호를 통해 알아낸 것이 있단다. 뭔지 아니? 한번 들어 보렴. 다호가 백일 지나 제법 신생아 티를 벗어났을 때 할아버지는 계속 눈을 맞추며 재미있는 소리를 내며 너하고 소통하려고 애를 썼지. 그건 엄마, 아빠뿐만 아니라 모든 어른은 갓난아이를 보면 행하는 자연스러운 행동이란다. 이름을 부르기도 하고 '쯧쯧쯧', '얼래얼래', 또는 혀를 내밀기도 하고 찡그리기도 하는 등 아기가 알아듣기 쉬울 거로 생각하는 소리나 표정을 지으며 아기의 관심을 끌려고 한단다. 할아버지도 마찬가지로 다호 관심을 끌고 싶어 여러 소리를 내었었지. 그러나 할아버지의 마음을 아는지 모르는지 도통 관심을 보이지 않는 거야. 괜히 섭섭했지~

그러던 어느 날 한 5개월쯤 되었을까? 여느 때와 마찬가지로 엄마 품에 안겨있는 너를 보며 여러 소리를 내며 다호와 대화를 시도하고 있었지. 별 기대하지 않았는데 아! 글쎄 다호가 빙그레 웃으며 할아버지와 눈을 마주치는 것이 아니겠니? 깜짝 놀랐어. 그동안 사람과 사람은 말을 통해 대화하기 시작하면서 비로소 소통하면서 정이 쌓인다고 생각하였지. 할아버지도 네 아빠와 큰아빠를 키웠고 또 너의 사촌인 윤호 형, 지호 누나를 겪었으면서 왜 그렇게만 생각했는지 모르겠구나. 암튼 다호하고 첫 대화를 나눈 날이었어.

그 뒤로 우린 계속 대화를 나누었지. 다호가 할아버지에게 무슨 얘기를 하는지 모르겠지만 그것은 아무 상관 없지. 왜냐하면 소통하고 공감하고 있다는 사실이 더 중요하니까 말이다. 언어학자들 연구에 의하면 언어보다 몸짓, 표정으로 소통되는 부분이 반 이상(55%)이라고 한다. 마치 수화에서 손동작으로는 내용 전달을, 표정, 입놀림으로는 느낌을 주고받는 논리와 같다고 생각해보았어. 그렇다면 우린 그동안 많은 이야기를 주고받은 셈이지. 할아버지는 다호와 눈 맞춤을 통해 '오늘은 기분이 좋구나', '다호가 지금 쉬고 싶구나' 등 여러 가지를 공감하고 있었단다.

다호는 이제 2개월만 지나면 첫돌이란다. 첫돌은 참으로 의미가 크지. 할아버지가 쓴 우주 책에 우주 시작인 빅뱅 후 1초와 사람의 1년이 비슷하다고 묘사했단다. 태어난 후 드디어 안정기에 들어간다는 의미로 그런 표현을 한 것이지. 이제 곧 다호는 훌륭한 사람으로 성장하는 첫발을 디디게 되겠지.

그런데 축복받아야 할 다호 첫돌이 마냥 축복만 받을 상황이 못 될 듯하구나. 코로나바이러스로부터 생긴 괴상한 질병이 전 세계를 공포로 몰아가고 있단다. 바이러스는 세균과 달리 혼자서는 살지 못하고 다른 생명체에 붙어사는 아주 조그마한 놈이야. 세균도 눈에 보이지 않게 작고, 나쁜 물질을 사람에게 옮겨 그동안 엄청난 피해를 주지만 이번엔 바이러스의 공격을 받은 것이지. 세균에 의한 질병이 중세시대 유럽에서 수백만을 죽음으로 몰고 간 적이 여러 번 있었어. 중세에 이어 근현대에 들어오면서 세균은 과학 발전으로 어느 정도 안정세로 들어갈 즈음 이번엔 훨씬 더 작은 바이러스 공포에 시달리기 시작한 거지. 20세기 초 바이러스에 의한 독감이 대규모로 번져 많은 사람이 죽었다고 전해지고 있어. 그 뒤로 수시로 몇 년 또는 몇십 년 만에 등장하여 사람들을 괴롭혀 왔었지.

그러다가 2020년 초 '코로나19'라는 바이러스가 전 세계에 퍼져 지구촌 모든 사람을 공포에 떨게 하고 있단다. 중국 우한이란 지역에서 시작했는데, (우한은 중국 정중앙에 있으며 삼국지의 무대가 된 곳이야) 처음에는 우리나라를 비롯하여 전 세계 사람들이 그런가 보다 했었어. 그도 그럴 것이 중국 사람들은 별 희한한 것을 다 먹는단다. 주로 야생 동물로 나열하기조차 역겨울 정도지. 이번 코로나 바이러스는 박쥐로부터 왔다고 알려져 있어. 근데 언제부터 발병하였는지 정확하게 알 수 없단다. 그 이유는 중국 정부는 공산당 독재체제라 쉬쉬하면서 발표를 하지 않아 (하긴 공식 발표를 하여도 믿는 사람이 별로 없을 정도니까) 정확한 정보 파악이 힘든 나라이거든.

2019년 늦가을부터 발병하여 사람이 하나둘 감염되어 고생하고 죽고 하였는데 처음에는 뭔지 모르고 그저 심한 감기 정도로 생각하였던 것 같아. 그 뒤 몇 달 지나, 2020년 초까지 뭔가 새로운 바이러스에 의한 질병이 중국 우한지역에 돌고 있고 사람이 몇 죽었지만, 별거 아니다 이런 정도이었단다. 전 세계는 강 건너 불 보듯 하였지. 1월 말까지도 우리나라에 몇 명 환자가 있었지만, 소수에 불과하였고 상태도 그리 나쁘지 않아 큰 걱정거리가 아니었어. 미국과 유럽은 아시아 질병이라 인종 차별적인 발언을 하는 등 대수롭지 않게 생각하였고... 그러다 정확하게 2달이 지난 3월 말에는 전 세계 80만 명이 감염되었고 죽은 사람은 4만 명에 달할 정도로 확산하였어. (2020년 3월 31일 발표) 아직은 초기라 주로 인구밀도가 높은 중국을 비롯하여 한국, 일본, 유럽 그리고 미국 등에서 감염되었단다. 이런 것을 팬데믹(대유행)이라 부르지.

이탈리아, 스페인, 미국, 독일, 영국 등등 선진국으로 분류되며 누구나 생각해도 저런 나라는 평소에 대비를 잘하여 이런 정도 바이러스 공격은 잘 대처하겠다고 생각하였지. 그 나라 국민들도 별로 걱정하지 않았고 자신들의 방역, 의료 시스템에 자신하고 있었던 것 같아. 그런데 막상 사건이 발생하자 의료 시스템은 생각보다 취약하였고 검사, 진료 장비는 턱없이 부족하였고 심지어 의료진 수준도 의심하지 않을 수 없게 낮았던 거야. 지금 대부분 바이러스에 감염되어 치료받는 나라가 아이러니하게 이런 선진국들이야.

할아버지가 어렸을 때 그러니까 국민학교(초등학교를 그땐 그렇게 불렀단다) 다닐 때만 해도 우리 대한민국은 전 세계에서 상당히 못사는 나라였어. UN과 미국의 원조 물자를 받으며 살았던 적이 있었단다. 할아버지 초등학교 때 원조 물자로 만든 우유(가루우유를 물에 섞은 우유)와 옥수수빵을 학교에서 나누어 주어 친구들과 같이 먹었던 기억이 있어. 그땐 미국, 영국, 이탈리아, 독일, 프랑스 등은 말만 들어도 설레는 나라였지. 환상이 있다고 할까? 텔레비전에서는 주로 외화를 수입해서 방영해주니 우리는 그 외화를 통해 알게 된 선진 문화를

EPISODE

부러워하고 무조건 동경하며 성장하였던 것이야.

그러다 그렇게 부러워하였던 나라들이 우리나라보다 전반적인 의료 시스템이 낮다는 사실에 깜짝 놀랐어. 우리나라는 진단키트도 첨단으로 갖추고 있고, 검사방법은 드라이브-스루로 차 안에서 신속하게 또 안전하게 시행하고 있고, 의사, 간호사 등 관련자 의료 수준은 최고이며 동시에 투철한 사명감으로 무장되어 있어 이 사태를 잘 이겨내고 있단다. 더구나 국민들 의식 수준도 꽤 높아 선진국에서는 마트 물건을 사재기하고 있지만 우린 평온하게 이번 코로나바이러스에 잘 대처하고 있는 나라로 전 세계 부러움을 사고 있으니 말이다.

전 세계에서 우리나라를 다시 보게 되었지. 한국의 방역, 치료 시스템을 배우자고 난리들이다. 미국 트럼프 대통령은 공식 석상에서 한국을 여러 차례 거론하면서 한국을 부러워했고 우리에게 진단키트를 비롯한 여러 의료 장비를 도와 달라고 전 세계에서 요청하고 있단다. 할아버지도 깜짝 놀랐어. 이번 사태를 통해 새로 알게 된 선진국에 대한 할아버지 느낌은 마치 공부 잘하고 똑똑한데, 현실적이지 못하고 현명한 판단을 하지 못하는 그런 친구를 보는 것 같았어. 또 한국은 원조받던 나라였는데 반세기 만에 원조하는 나라로 바뀌었다는 칭찬을 여러 번 들어 어깨가 으쓱하였는데, 의료 시스템마저 거의 세계 최고 수준이라는 사실을 알게 되니 몹시 자랑스럽게 생각되는구나.

그런데 지금은 전 세계가 서로 빈번하게 왕래하며 실시간으로 정보를 주고받는 좁은 세계에서 살고 있기에 우리만 잘 헤쳐 나간다고 끝날 일이 아니니 앞날이 몹시 걱정되는구나. 더구나 더 심각한 문제는 이 바이러스가 서서히 중진국, 후진국으로 퍼져가고 있다는 점이다. 선진국이 저렇게 쩔쩔매고 있는데 환경은 열악하고 의료 시스템이 갖추어지지 않은 중남미, 인도, 아프리카로 번지고 있다는 사실이 우리를 우울하게 만들고 있구나. 끝이 어딜까 하는 답답한 마음이란다.

다호 돌을 맞이할 즈음에 너무 우울한 이야기를 한 것 같구나. 그런데 너무 심각하고 끝이 어딘지 모르는 긴 터널에 들어 온 기분이라 할아버지가 오히려 다호 붙잡고 하소연해 보았어. 그리고 다호가 먼 훗날 이 글을 읽으면서 '내가 첫돌을 맞이하였던 2020년이 이렇게 어수선하였구나. 근데 엄마, 아빠가 꿋꿋하게 나를 잘 키워 주어 내가 이렇게 늠름하게 잘 컸구나.' 하고 생각하면 좋겠다.

2020년 4월 4일 할아버지가

흙 별 안단테

“다호와 함께한 가을 밤하늘 여행”을 출판한 직후 수필작업에 들어갔다. 별, 우주에 관한 책만 5권을 내고 나니 문득 수필을 써보고 싶었다. 살아온 이야기, 남기고 싶은 이야기를 정리해보고 싶어졌다. 바로 ‘오늘’을 우리 가족과 공유하고 싶었다. ‘오늘’이라면 2022년이 될 수도 있고, 코로나 시대일 수도 있지만 넓게는 인생을 같이 살아가는 ‘오늘’이 될 수 있다.

큰아들, 작은아들도 어느덧 가정을 꾸리고 자식들을 거느린 가장이 되었다. 인생 이야기를 같이 해도 될 나이가 된 것이다. 자식을 키워봐야 인생을 알게 되고, 부모 고마움을 알게 된다더니 가정을 꾸리고부터 두 녀석 모두 살갑게 군다. 너희가 인생을 알기 시작할 그때 아버지는 이렇게 살았다는 이야기를 공유하고 싶어진 것이다. 그리고 내 곁에서 평생을 함께하는 아내에게도 고맙다는 말을 하고 싶었고 앞으로 더 멋진 삶을 살아가자는 의미로 아내에게 나를 주제로 한 수필을 선물하고 싶었다.

큰 얼개로 나이 들어 잘한 결정 3가지에 관한 이야기로 정하였다. 제주별장(제주피아), 책 출판, 산티아고 순례길 그리고 각각 이 세 가지에서 얻은 '흙 별 안단테'를 주제로 수필을 써 본 것이다. 원고를 정리하면서 새삼 행복이 온몸으로 느껴졌다. 별장 소유, 책 출판, 산티아고 순례길(넓은 의미로 버킷리스트 여행)은 누구에게나 로망이며 꿈일 것이다. 이 셋 모두를 만끽하며 살고 있으니... 감사하고 행복할 따름이다. 이 수필을 통하여 이미 나의 인생 황혼기의 이야기는 충분히 하였기에 본 '1953년생'에서는 어렸을 때 기억, 유학, 젊은 날의 여러 이야기로 국한하였다.

돌이켜 생각하면, 코스모피아는 나의 일생에서 최고의 작품이며 빛나는 아이디어의 결과였다. 그런데 나이 들어 잘한 결정 중 하나로 하기에는 너무 젊은 40대에 결정하였기에 수필 초고에서는 빠졌었다. 그게 아쉬웠는지 편집장이 어딘가에는 코스모피아 이야기를 써야 하지 않겠냐고 채근하여 적당한 곳에 코스모피아 이야기를 삽입하였다. 가끔 이런 생각을 하곤 한다. 만약 나의 지난 인생에서 수정하고 싶은 곳 하나를 마음대로 선택하여 다시 살아볼 수 있게 해준다면 나는 망설이지 않고 코스모피아 시작 시기를 10년 정도 뒤로 미룰 것이다. 코스모피아를 시작한 40대 초반은 지금 생각하면 한창 젊은 나이였음에도 그 당시는 초로(初老)로 들어가 뭔가 나의 사업을 시작해야 하는 초조한 나이로 생각한 것이다.

수필은 일 년 중 책이 가장 많이 출판되는 장르이다. 일생 버킷 리스트 중 하나로 자기 이름 석 자가 찍힌 책을 내고 싶을 때 수필을 가장 많이 선택한다. 나는 다행히 남이 갖고 있지 않은 별, 우주라는 누구나 호기심 가는 콘텐츠가 있기에 별, 우주 책을 출판하였지만 자기만의 콘텐츠가 일반적이지 못할 때는 자기가 살아 온 이야기를 중심으로 수필을 쓰는 것이 일반적이다. 그리고 현역에서 활동하는 작가나 글을 쓰는 직업을 가진 사람이 수시로 출판하는 책이 수필이다. 이렇게 많은 수필이 쏟아지니 "흙 별 안단테"도 2~3일 버티다가 평대에서 내려온 듯하다. 첫 번째 책 "밤하늘의 문을 열다"는 무려 6년간 메이저 서점 평대에 누워 있었다. 뭔가 잘 안 풀리고 기분이 그만그만할 때 일부러 서점에 가서 평대에 누워 있는 내 책을 보고 기운 차리곤 하였는데 출판한 지 1주일도 안 되어 책꽂이에

밤하늘의 문을 열다

흙 별 안단테

꽂혀있는 수필을 보니 섭섭하기 그지없었다.

그렇지만 애당초 독자층으로 목표했던 우리 가족에게는 대인기였다. 아내, 아들, 며느리 모두 책이 재미있고 완성도 높다며 좋아하였다. "흙 별 안단테"에는 윤호가 그린 '돌하르방과 형제섬' 그리고 지호가 그린 '제주피아' 그림을 뒤표지로 사용하였다. 한마디로 가족 책처럼 꾸며 본 것이다. 그래서 그런지 초등학교 3학년인 윤호는 집에서 늘 옆에 끼고 생활하며 학교에 갈 때나 심지어 놀러 갈 때도 할아버지 책이라 짐 속에 넣고 꾸준히 읽었다는 것이다. 뜻밖이었다. 읽은 소감을 물어보니 감상이나 느낌을 얘기하기는 아직 어려 "재미있어요..."라고 겨우 한마디 한다. 그래도 많은 것을 느끼고 고 녀석 앞날에 긍정적인 영향을 미칠 것이라고 생각된다.

흙 별 안단테 표지

손주들 그림으로 꾸며 본 흙 별 안단테 뒤표지

'그래! 이것 하나만이라도 할아버지는 대만족이다.'

EPISODE

턱시도

나이 들어 새롭게 친해진 친구 여덟 명 모임 명칭이다. 가벼운 운동을 겸하면서 부부 사랑이 돈독해진다는 지인 권유로 하나둘 댄스팀에 합류하다 만난 사이이다. 남자들은 고등학교 동기로 대부분 아는 사이였지만 꼭 그렇지만은 않았다. 고등학교 동기지만 700명이 넘는 동기생이 있으니 같은 반을 한 적 없으면 이름 정도 들어 보았거나 아니면 처음 보는 사이도 있게 마련이다. 그렇지만 같은 학교를 같은 해 졸업하였다는 공통분모로 우리는 바로 편하게 말 주고받으며 친구 사이가 되었다.

여덟 명의 공통점을 꼽자면 댄스는 아내를 위한 봉사 차원에서 시작하였을 뿐 댄스에는 그다지 관심이 없었다는 것이다. 그저 일주일에 하루 적당히 댄스하고 끝나기 무섭게 술 한 잔 곁들인 저녁 먹으며 세상 사는 이야기로 꽃을 피웠다. 그러니 댄스 실력은 늘 제자리며 지지부진하였다. 진도 좀 나가면 1주일 후 홀랑 까먹으니 또 반복하고, 어쩌다 한 주 빠지기라도 하면 머리가 하얗게 되며 처음 해보는 스텝인 양 버벅거리기 일쑤였다. 가르치는 강사도 그러려니 하면서 크게 신경 쓰지 않았다. 반기를 든 부류가 아내들이었다. 여러모로 댄스는 여성분들에게 알맞은 종목이라 느꼈지만 의외로 열심이며 본인들은 잘 따라가는데 남편들이 성의를 보이지 않자 바가지를 긁기 시작하였다.

EPISODE

댄스는 원래 남자가 여자를 리드해야 하는데 우리는 거의 아내가 이끄는 대로 따라가기 바빴다. 그런데 갑자기 파트너를 바꾸는 게 아닌가. 댄스 기본이 체인징 파트너라며, 그래야 정확한 스텝과 감을 익힐 수 있다는 것이다. 살면서 친구 부인 손잡을 일은 절대로 없다. 있어서도 안 된다. 기껏해야 악수하는 정도? 그런데 체인징 파트너라니! 이건 얘기가 다르다. 손을 잡을 뿐만 아니라 다른 한 손으로는 어깨를 휘감고 상체를 가급적 밀착시키라니 여간 곤혹스러운 게 아니다. 여자들은 의외로 덤덤한데 남자들이 더 난감해한다. 상체를 밀착시키기는커녕 적당한 거리를 띄우고 댄스를 하니 제대로 될 리 없다. 안 그래도 엉성한 댄스 실력에 파트너와 몸 닿는 것까지 신경 쓰다 보면 리드는 고사하고 스텝도 엉키고 한마디로 난장판 일보 직전까지 가기 일쑤였다. 이런 이유 때문만은 아니지만, 시간이 지나자 하나둘 댄스에 흥미를 잃고 팀에서 빠져나갔고, 하나둘 빠져나온 댄스 낙오자끼리 별도의 모임을 하기 시작하였다. 우리는 댄스를 생략하고 반주를 곁들인 저녁 식사를 스트레스 없이 즐겼다.

그러다 누군가 이번 연말 송년 모임 때는 턱시도 입고 파티를 하자는 제안하였다. 댄스 강습소에서 수강생들 단합을 겸하여 또 긴장감을 높이기 위하여 파티를 주관한다. 일종의 학교 학예회와 비슷하다고 할까? 일 년에 서너 번 파티하다 보니 자의 반 타의 반 턱시도를 맞춰 입게 되었다. 이제는 더 이상 입을 일이 없어 옷장 속에 처박아 둔 버림받은 옷이 되었지만.

EPISODE

괜찮은 아이디어였다. 연말이면 우리는 나비넥타이까지 곁들여 한껏 멋을 내고 좋은 레스토랑에서 와인 잔을 기울이며 사치를 부렸다. 아내들도 안 하던 목걸이에 귀걸이까지, 게다가 훅 파진 끈 달이 옷으로 우릴 놀라게 하며 '이렇게 예뻤나?' 새삼 다시 쳐다보게 했다. 옷이 날개라는 얘기와 비슷한 논리로 턱시도를 입으니 덩달아 점잖아지는 우리를 보고 서로 웃었다. 고등학교 친구들이라 평소에는 가벼운 욕을 섞어 스스럼없이 얘기를 나누었지만, 그날은 달랐다. 교수님, 사장님 하며 서로 존중하고 행동도 조심조심. 누가 약간의 실수를 해도 평소 같으면 "야~ 이 xx야!" 할 것을 "음주가 과하셨나 봅니다. 하하하." 하는 여유를 보였다. 이렇게 몇 해를 보내면서 자연스럽게 우리 모임 명칭이 '턱시도'로 굳어졌다.

앞에서 언급한 대로 우리는 고등학교 동기이긴 해도 서로서로 잘 아는 사이는 아니었다. 그런데도 이렇게 별도로 모임을 할 정도로 친분이 두터워진 데는 여러 이유가 있다는 것을 뒤늦게 깨닫게 되었다.

첫째는 부부 동반으로 모이다 보니 의외로 남녀가 어울리는 재미가 있었다. 더구나 친구 부인들과 손잡고 빙글빙글 돌기까지 하였으니 서로서로 교차하면서 친해진 것이다. 체인징 파트너 때는 죽을 맞이었고 실수로 얼굴이 화끈거린 장면이 연출되곤 하였지만 뒤풀이 때는 재미있는 안줏거리로 서로서로 흉을 보며 다 같이 깔깔대고 웃었다. 둘째는 모두 조강지처와 살고 있었다. 같이 나이 먹어가는 처지라 짓궂은 성적 농담도 별로 개의치 않았고 자식 키운 얘기, 아들딸 결혼, 손주 본 얘기 등 공통 화제가 많았다. 셋째는 멤버 모두가 경제적으로 아쉬움이 없고 10여 년 전 그 당시 모두 현역 일선에 활동하고 있었다. 한 마디로 능력 있는 친구들이었다.

넷째 이유가 가장 중요하다. 우리는 고등학교 친구들과 평생 같이 갔던 세대였다. 지방에서는 초등학교 친구와 가장 친한 경우가 있지만 우리는 뭐니 뭐니 해도 고등학교 때 친하였던 친구를 최고로 친다. 그런데 여러 이유로 원래 친했던 고등학교 친구들과 사이가 깨져버린 것이다. 돈이 오고간 이해관계로 멀어

EPISODE

져 버린 경우가 대부분이다. 내 경우도 고등학교 친구들이 있었다. 평생 갈 것 같았고 어떤 일이 있어도 우리의 우정만은 변치 않으리라 믿었지만, 요즘은 가끔 경조사 때 만날 뿐 거의 왕래가 없다. 금전 관계가 얽혀 있고, 경제 사정이 나빠지자 스스로 연락을 끊기도 하고, 언쟁으로 인한 앙금, 심한 주사 등으로 오래전부터 형식적인 모임이 되고 말았다.

턱시도 멤버 모두가 나와 비슷한 경험들이 있다는 것을 알게 되었다. 그러다 좋은 친구를 만나게 되자 서로를 존중하며 은연중에 이 모임을 지키려는 노력을 하고 있었다. 아내들도 적극적이었다. 아내들은 남편의 원래 친구 모임이 잘 안되어 골탕 하는 모습을 보며 안쓰러워하던 중 댄스 모임을 통해 형성된 새로운 관계를 소중하게 여긴 것이다. 여자들의 사소한 문제로 이 모임 전체가 깨지는 것은 안 된다는 현명한 생각을 하였을 뿐 아니라 적극 참여하여 우리 모임에 힘을 실어주었다.

그 후 나의 오사카 추억여행에 동참해 주었을 뿐만 아니라 대마도로, 바이칼로, 대만으로 그리고 제주로 같이 여행하며 인생 말년에 좋은 이웃으로 지내는 귀한 사이가 되었다.

다다남매와 함께한 화성 여행

"다호와 함께한 가을 밤하늘 여행" 그리고 "흙 별 안단테" 출판 준비와중에 네 번째 손주가 태어났다.

넷째 손주가 태어나니 갑자기 할 일이 모두 끝난 느낌이 몰려왔다. 부모 네 분 다 모셨고, 아들 둘 키워 짝 만나 가정 꾸몄고, 약속한 듯 아들-딸로 손주 둘씩 낳았으니 내가 세상에 나와 할 일 다 끝낸 기분이었다.

"이제 우리 둘만 잘 지내면 되는 거요."

아내 손을 잡으며 한 말이었다. 주위 친구들은 자식들이 결혼할 생각을 안 해 더 이상 재촉하지 않은 지 오래되었고, 결혼하였어도 아이를 안 가져 이젠 포기상태라 푸념들 하는 데 비하면 우린 너무나 행복하였다.

나에게는 또 하나의 즐거운 숙제가 생겼다. 마지막으로 태어난 손녀에게도 더 나이 먹어 기운 빠지기 전에 책 한 권 선물로 남겨주어야 한다는 혼자만의 의무였다. 주제는 화성(Mars)으로 정하였다. 개인적으로 관심이 많고 자료도 충분히 확보한 상태라 늘 다음 책 주제로 생각하고 있었던 터여서 망설이지 않고 정했다. 우리가 달(Moon)에 갔던 세대라면 손주들 세대에는 화성시대가 될 것이기에 더욱 의미 있어 보였다.

화성의 이모저모, 화성 탐사 이야기 등을 정리하다 보니 이러한 내용은 인터넷을 찾아보거나 책을 보면 누구나 알 수 있는 내용이었다. 이것보다 한 단계 넘은 내용으로 초등학교 고학년 및 중학생이 흥미를 끌 만한 심도 있는 내용을 다루고 싶었다. 사람을 화성에 보낸다면 어떤 것이 필요하고 미리 생각할 점은 무엇이냐에 초점을 맞추었다.

몇 줄 써 내려가기도 전에 바로 한계가 왔다. 사람이 화성에서 단 며칠을 살아도 생각할 것이 너무 많았다. 숨 쉬고, 먹고, 싸고, 자고 등 하루 24시간 가장 기본적인 생활을 하려 해도 필요한 것이 너무 많았다. 지금도 해결할 수 있는 것이 있을 테지만, 대부분 상당 기간 연구하고 고심해야 해결할 수 있는 것들이다. 이 모든 것을 내가 아는 얄팍한 지식으로 추정하여 결론을 내리고 아이들에게 소개하는 것은 너무나 무모하고 위험한 일이었다. 흔히 영화에서 소개된 미래가 곧 우리의 현실로 다가오곤 한다며 놀라워한다. 영화에 나오는 미래는 전문가 조언을 받아 제작된 것이지 대충 생각하고 나온 미래가 아니었기에 실현할 수 있는 미래를 미리 보여줄 수 있었다.

실제로 우주에서 사람이 독립적으로 생활을 한 경험은 우주정거장에서가 유일하다. 달(Moon)에서조차 사람이 생활해 본 경험이 없다. 잠깐 머물다 왔고, 가장 오래 달에 머문 시간은 70시간 정도니 우주복을 입은 채 숨 쉬고 먹고 자고 싸고 지내다 왔다. 2022년 가을부터 본격적으로 시작할 아르테미스(Artemis: 달의 여신) 프로젝트의 궁극적인 목표는 달에서 생활해 보는 것이다. 달에서 주어진 조그만 공간에서는 지구에서와 똑같은 생활을 할 수 있을까? 밖에서 여러 탐사 활동과 실험을 하고 돌아와 답답한 우주복을 벗고 오늘의 성과를 정리하며 동료와 내일 탐사 활동을 의논할 수 있을까? 그리고 갖고 간 우주식량으로 맛있는 저녁을 동료와 먹고 화장실도 편하게 이용할 수 있는 그런 공간을 만들 수 있을까? 이런 것을 추측하기에는 나의 과학지식으로는 역부족이었다.

'잘 알지 못하는 것을 절대로 아는 척하고 쓰지 않겠다.'

아이들을 위한 우주 이야기를 쓸 때 정한 나만의 규칙이 있었다. 결국 화성의 일반적인 이야기와 과학자들이 알아낸 화성에 대한 여러 가지 그리고 화성 탐사의 과거, 현재 그리고 NASA에서 발표한 가까운 미래 이야기만으로 만족할 수밖에 없었다. 맥 빠진 책이 되겠구나 하고 낙담하던 중 NASA 홈페이지에서 재미있는 소재를 발견하였는데 달(Moon) 화장실에 대한 일반 사람들에게 아이디어를 묻는 광고였다. 흥미로운 주제였다. 화장실 문제를 집중적으로 조사해 보니 재미있는 이야기가 많이 있었다. 마치 보물 상자를 발견한 것처럼 이야깃거리가 술술 나왔다.

아폴로 우주인들이 달에서 여러 탐사 활동을 벌일 때 특수기저귀를 착용하고 활동하였다니 눈에 보이는 멋진 모습과는 달리 그 이면은 낭만적이지 못하였다. 특수기저귀를 착용하였다는 사실은 언젠가 들은 기억이 나는데, 그 기저귀를 모아 봉투에 모아 달에 버리고 왔다는 사실은 화성 이야기를 쓰면서 알게 되었다. 하여간 아이들에게 흥미를 유발할 수 있는 좋은 소재를 찾아 나도 덩달아 활기를 찾았다.

달 화장실 아이디어 공모 포스터

한 가지 너무나 궁금한 사항이 하나 있었다. 화성에 첫 번째로 사람을 보낸다면 얼마나 머물다가 돌아올까? NASA에서는 2037년 전에는 사람이 화성에 가긴 힘들다고 발표했지만 2037년 이후 언제로 예정한다는 자료는 찾을 수 없었다. 아직 언제쯤 화성에 갈 수 있을지 모르는 상황이라 며칠 혹은 몇 달 머무르면서 탐사 활동을 할 수 있을지는 더욱 예상하지

다다남매와 함께한 화성 여행

손주들 그림으로 꾸며 본 화성 여행 뒤표지.

못하고 있는 것 같았다. 그러다 어느 날 편집회의에서 엉뚱한 아이디어가 나왔다. 화성에 하루나 이틀 머물고 오면 어떻겠냐는 의견이었다.

처음에는 말도 안 된다고 다 같이 웃었다. 가는데 8개월, 오는데 10개월인데 그 긴 항해를 하고 하루나 이틀 머물다 오는 것은 너무 허망하다고 생각하였다. 마치 편도 비행시간이 14시간 걸리는 뉴욕에 가서 커피 한잔 마시고 돌아오는 격이었다. 그런데 장점은 많았다. 달(Moon) 탐사에서도 그랬듯 화성에서도 잠깐 머물다 오면 우주복을 벗을 수 있는 공간 확보와 그 공간에서 생활하는 데 필요한 여러 가지, 즉 숨 쉬고 먹고 자고 싸고를 생각하지 않아도 된다. 사람을 보낼 때 가장 중요한 문제는 안전이기에 잠깐 머물다 오는 방법이 더욱 괜찮아 보였다. 달과 화성의 항해 기간의 차이뿐 모든 프로세스는 기본적으로 같기에 실현 가능성도 높고. 또 1등만 기억하는 사회이므로 더욱 그럴 수 있겠다 싶었다.

다호, 다인이에게 할아버지 의견임을 전제로 책에 실었다. 유일하게 나의 의견을 피력하였다는데 큰 의미를 두었다.

2020년부터 시작된 코로나 시대부터 2022년 말까지 3권의 책을 출판하였다. 평균 일 년에 한 권씩 나온 셈이니 코로나에 이기지는 못하였어도 지지는 않은 것 같다는 자평을 해본다.

코스모피아, 그림 이지호

나가며

미국은 1945년 세계대전이 끝나고 크고 작은 전쟁과 전투에 직간접으로 참여하였다. 그중 규모가 어느 정도 있는 전쟁을 나열해 보면. 우리의 쓰라린 아픔으로 남아있는 한국전쟁을 비롯하여 베트남전쟁, 걸프전쟁, 아프가니스탄전쟁 그리고 이라크전쟁 등을 꼽을 수 있다.

베트남전쟁은 1964년 미국 구축함이 북베트남의 어뢰 공격을 받은 이른바 '통킹만 사건'으로 참전하게 되어 1975년 철수하기까지 10년을 넘게 끈 전쟁이다. 미국으로 가장 치욕적인 전쟁으로 기억되고 있으며 패배의 쓰라림을 안겨 주었다. 그뿐만 아니라 참전용사들에게는 사람을 죽여 본 사람이라는 멍에를 씌우며 목숨 걸고 국가 명령을 따른 군인들의 명예조차 지켜주지 못하였다. 반전시위로 국론은 양분되었고, 마리화나와 각종 드럭(drug: 원뜻은 약품이지만 통상 마약을 통칭하는 용어로 많이 쓰인다)이

널리 확산하는 등 미국 사회에서는 좋지 않은 기억만 남아있는, 한 마디로 기억하고 싶지 않은 전쟁이었다.

걸프전으로 알려진 이라크전쟁(1차)은 1991년 미국이 이라크의 쿠웨이트 침공 및 병합에 반대하면서 일어났고 미국의 주도 아래 다국적군이 결성되며 40여 일 만에 싱겁게 끝났다. 마치 건장한 어른 그것도 여러 명이 어린아이 하나를 상대한 것처럼 애당초 다국적군에게 이라크는 상대가 될 수 없었다. '사막의 폭풍' 작전명 그대로 폭풍 몰아치듯 수행된 일방적인 게임이었다. 뉴스 전문방송인 CNN이 전 세계에 널리 알려지는 계기가 되었고 실제 폭격하는 장면, 패트리어트 미사일이 이라크의 스커드 미사일을 요격하는 장면 등이 생중계되면서 전쟁을 안방에서 보는 시대를 열었다. 미국이 오랜만에 승리한 전쟁이었으나 너무나 전력 차이가 컸으므로 아무도 환호하지도 자부심을 느끼지도 않았다. 단지 미국의 힘을 전 세계에 과시한 정도라고 미국인 스스로도 생각하는 듯하다.

다음에 벌어진 2건의 전쟁은 미국에는 두고두고 쓰라린 상처로 남을 것이다. 승리도 패배도 아니고 애당초 목표하였던 전쟁의 명분도 이루지 못한 채 철수라는 모호한 표현으로 슬그머니 발을 뺀 모양새이기 때문이다.

21세기 들어오며 미국으로는 초대형 사건이 터졌다. 바로 2001년 9월 11일 벌어진 '9.11 테러'였다. 무슬림 테러 조직인 '알카에다'가 주도한 비행기 납치를 통한 동시다발 테러로 뉴욕의 쌍둥이빌딩을 폭파하였고 워싱턴의 국방부 청사 펜타곤이 공격받는 대참사가 벌어졌다.

미국의 충격은 너무나 컸다. 건국 이래 단 한 번도 외세에 의한 전쟁을 치르지 않았던 나라에서 미국의 심장부인 뉴욕과 워싱턴이 동시에 공격당하였고 백악관까지 노렸다는 사실이 알려지며 미국인들은 공포에 휩싸였다. 무엇보다 민간인 희생자만 약 3,000명(아직 정확하게 파악되지 않은 상태)에 달하며 직간접적인 경제 손실은 돈으로 환산하기 어려울 정도였다. 더욱 믿기 힘든 것은 배후로 지목된 오사마 빈 라덴은 사우디아라비아 출신이며 직접 테러에 가담한 테러범들의 국적이 사우디와 이집트였던 사실이었다. 미국이 중동의 아랍권에 가장 공들이고 전통 우방국으로 여겼던 국가 중 대표적인 나라가 바로 사우디와 이집트였기 때문에 충격이 더욱 컸다. 석유를 확보하기 위하여 그 나라 정부와 통치자들과는 친하였지만 정작 그 나라 국민 마음을 잡는 데는 실패하였고 오히려 적대적이라는 사실을 간과한 것이다.

아프가니스탄전쟁은 9.11 테러의 공포가 바로 분노로 바뀌며 배후로 지목된 빈 라덴의 은신처와 알카에다의 거점을 없애겠다는 명분으로 아프가니스탄을 공격하면서 벌어진 전쟁이었다. 그 후 20년 넘게 미국은 제2의 베트남전쟁처럼 깊은 수렁에 빠졌다. 처음 목표였던 빈 라덴을 제거하고 알카에다 거점을 없앴으나 새로운 이슬람 무장 조직인 IS의 출현으로 끝없는 테러와의 전쟁의 늪에 빠진 결과가 되었다.

아프가니스탄전쟁은 국가와 국가 간의 전쟁이 아니라 빈 라덴과 알카에다라는 테러 집단을 소탕하기 위한 전투로 미국의 아프가니스탄 침공이란 표현을 하곤 한다. 그런데 2003년 벌어진 이라크전쟁(2차)은 미국에서 작정하고 그 당시 이라크 대통령인 사담 후세인 정권을 무너뜨리기 위한 전쟁이었다. 미국은 9.11사태 이후 분노가 극에 달하였던 시기라 그 누구도 말릴 수 없는 상태였으며 어느 나라이든 희생양을 잡으려던 차에 전부터 눈엣가시였던 이라크를 지목한 것이다. 이라크는 당시 미국 부시(아들) 대통령이 '악의 축(axis of evil)'이라 일컬었던 세 나라(이란, 이라크, 북한) 중 한 나라였다.

이라크전쟁(2차)은 미국의 잘못된 결정이었다. 미국은 이라크의 후세인을 이 기회에 없애기로 작정하고 2가지 명분을 내세웠다, 즉 대량살상무기, 알카에다와 연결고리이었다. 아프가니스탄 침공은 국제사회에서도 많은 지지를 보냈고 미국의 입장을 이해하였다. 9.11 테러를 일으킨 알카에다를 소탕하기 위한 전투이었기에 국제사회에서 아무도 반대의 목소리가 없었으나 이라크전쟁은 달랐다. 국제사회에서 한목소리로 이라크전쟁을 지지하지는 않았다. 1달 만에 전쟁은 끝나고 후세인 제거까지 성공하였으나 대량살상무기도 발견되지 않았고, 알카에다와 특별한 연계를 찾을 수 없었다. 특히 가장 큰 명분이었던 대량살상무기가 발견되지 않음으로 결과적으로 석유를 노리고 이라크를 점령하였다는 오명에서 벗어날 수 없었다.

아프가니스탄의 20년(2001~2021) 그리고 이라크의 10년(2003~2011)은 미국으로 감내하기 힘든 시간이었다. 빠져나오려 해도 주변 국가와 이해관계 그리고 뿌리 깊은 수니파, 시아파의 종파(宗派) 갈등 게다가 석유를 둘러싼 국제간의 이해관계 등 이 모든 것이 미국의 발목을 잡았다. 아프가니스탄과 이라크의 계속 주둔하는 명분은 중동 국가의 민주주의 정착으로 바뀌었다. 탈레반의 이해할 수 없는 여성 학대와 잔인한 통치방식을 종식하고 민주주의를 정착시켜 중동의 동반자로 같이 갈 수 있는 국가로 변화시키겠다는 것이 미국의 새롭게 내세운 목표였다.

중동의 무슬림 국가에 민주주의를 이식할 수 있다고 정말로 믿은 것인지 진실은 알 수 없으나 이 발상은 누가 생각하여도 석유를 확보하기 위한 명분으로밖에 보이지 않았다. 결과적으로 실패였다. 저들은 저들 나름으로 살아가는 방법이 있다는 것을 뒤늦게 깨달았다. 알카에다보다 더 잔인한 IS가 등장하고, 대량살상무기는 나오지 않았고, 민주주의 정착은 실패로 돌아가고, 돈은 천문학적으로 들어가고... 그러자 '우리 군인들이 왜 남의 나라에서 의미 없이 죽어가야만 하는가?' 하는 근본적인 회의와 함께 여론이 들끓었다.

결국 2003년 오바마 정부 때 이라크에서 철수하였고, 2021년 바이든 정부에서 아프가니스탄에서 미국 철수를 단행하였다. 아프가니스탄 철수는 성급한 결정으로 마치 전쟁에 지고 도망가듯 아프가니스탄을 빠져나오기 급급하면서 마지막까지 미국을 괴롭혔다. 20년 동안 그 나라를 장악하고도 탈레반에게 미국 시민들이 무사히 나올 수 있게 사정하고 나오는 어처구니없는 사태가 벌어진 것이다.

미처 빠져나오지 못한 수많은 미국 협력자의 신변이 위험해지며 바이든 정부의 성급한 철수 결정은 비난을 피할 수 없었다. 이로써 아프가니스탄은 (구)소련과 미국이라는 초강대국 모두를 물리친 나라로 기억될 것이다.

미국은 상당 기간 다시는 남의 나라에 지상군을 파병하지 않을 듯하다. (no boots on the ground) 2차 세계대전이 끝나고 미국은 힘을 바탕으로 세계의 경찰국가를 자처하면서 선(善)을 전 세계에 심으려고 노력하였으나 절대적인 선(善)은 없으며 나라, 민족, 종교에 따라 각자의 선(善)의 기준도 다르다는 평범한 진리를 깨우친 것이다.

이렇듯 2차 세계대전 후 미국은 여러 전쟁에서 피를 흘리며 막대한 군비를 쏟아붓고 스스로 자평해 보아도 만족스러운 결과를 얻었거나 그 나라 국민의 환대를 받은 기억은 없었다. 그러다 잊혀가는 기억에 속에서 하나의 전쟁이 떠올랐다. 바로 한국전쟁이었다.

중동과의 20년은 한국전쟁을 떠올리게 하였다. 그렇다! 미국에도 의미를 부여할만한 전쟁이 있었다. 물론 미국의 전반적인 여론은 아니고 한국에 관심이 있고, 외교, 대외 정책 전문가에게 국한되는 평가이겠지만 미국에도 가치 있었던 전쟁으로 한국전쟁이 재조명되었다. 한국의 눈부신 성장을 보면서 미국은 피를 흘리며 지켜낸 보람을 느낄만하지 않을까?

"당신들이 한국전쟁 때 같이 싸워주고 우리를 도와주어 오늘날의 대한민국이 있게 되었습니다. 진심으로 감사드립니다."

"아닙니다. 우리가 도움을 준 나라는 많습니다. 도움을 주었다고 다 잘되지 않았습니다. 한국이 유일하게 우리가 피 흘리고 도와준 자긍심을 찾게 하여준 나라입니다."

이런 대화를 상상해 본다.

카르페 디엠 1953년생

초판 1쇄 펴낸날 | 2023년 6월 25일

지 은 이 | 이세영
펴 낸 이 | 신효철
펴 낸 곳 | 도서출판 계명사
03182 서울시 종로구 새문안로 91
전화 02-733-2087
팩스 02-737-4764
출판등록 300-1964-5호
기획·편집 | 유희인, 김자경
디 자 인 | ADND 아는디자이너 윤나희
인 쇄 | 부광프린팅(주)

ISBN 978-89-7256-709-7 03810
값 18,000원